MICH TURNER

CLASES MAGISTRALES DE
PASTELERÍA

MICH TURNER

CLASES MAGISTRALES DE
PASTELERÍA

BLUME

Fotografías de Amanda Heywood

Para mis chicos Phil, Marlow y George

BLUME

Título original: *Mitch Turner's Cake School*

Edición: Lydia Halliday, Abi Waters
Dirección de arte: Ashley Western
Fotografía: Amanda Heywood
Traducción: Maite Rodríguez Fischer
Revisión de la edición en lengua española:
Ana María Pérez Martínez
Especialista en temas culinarios
Coordinación de la edición en lengua española:
Cristina Rodríguez Fischer

Primera edición en lengua española 2014

© 2014 Naturart, S.A. Editado por BLUME
Av. Mare de Déu de Lorda, 20
08034 Barcelona
Tel. 93 205 40 00 Fax 93 205 14 41
e-mail: info@blume.net
© 2014 Jacqui Small LLP, Londres
© 2014 del texto Mitch Turner

ISBN: 978-84-16138-08-1

Impreso en China

WWW.BLUME.NET

Contenido

Introducción

He preparado pasteles toda mi vida y he descubierto que hay personas que saben hornear y otras que consideran que no saben. Esto último es un reto para mí. Cuando profundizo en los métodos que utilizan, la raíz de los fallos se vuelve evidente, con lo que puedo ofrecerles un consejo práctico y la solución para redirigirlas al camino del éxito.

En *Clases magistrales de pastelería*, recurro a mis veinticinco años de experiencia en la industria y a mis conocimientos como científica del ramo de la alimentación para proporcionar las herramientas, los tutoriales y las enseñanzas que inspirarán su creatividad y asegurarán que cada pastel que elabore salga perfecto.

La intención de este libro no es únicamente proporcionar recetas. Se trata de ayudarle a entender lo que ocurre en cada etapa de la preparación de un pastel y por qué los pasos indicados son importantes: dominar estos fundamentos le garantizará muchos años de éxito en la elaboración de pasteles. Aunque sea un novato o un pastelero profesional experimentado, siempre hay algo que aprender.

En este volumen ofrezco sugerencias, ideas y consejos prácticos como qué hacer y qué no hacer; también destaco las fases claves y los puntos críticos. Subdivido cada etapa en tareas identificables. Resulta esencial tomarse el tiempo necesario para cocinar y emplear ingredientes frescos de la mejor calidad; con frecuencia se me escucha canturrear «no puedes fabricar un bolso de seda con la oreja de un cerdo».

Hay mucho arte y mucha ciencia en la confección de un pastel, y espero que, con el conocimiento que comparto en este libro, ustedes también se sientan inspirados para preparar, hornear, rellenar, glasear, recubrir y decorar. Disfrute de su estancia en la escuela de pastelería.

Mich Turner MBE

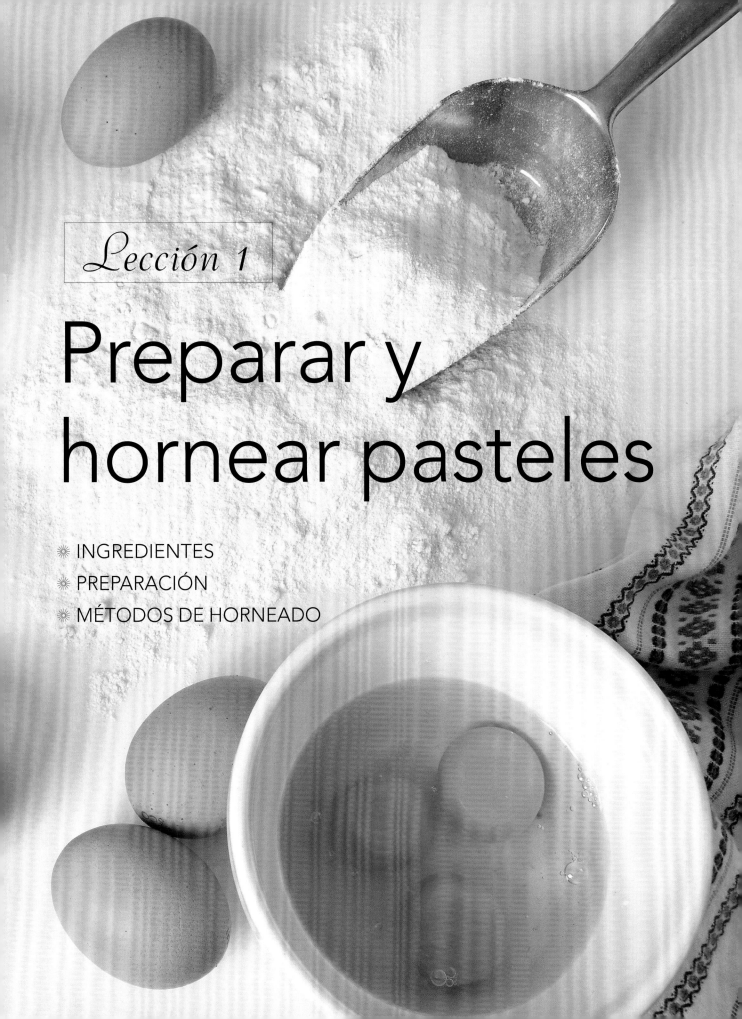

Lección 1

Preparar y hornear pasteles

* INGREDIENTES
* PREPARACIÓN
* MÉTODOS DE HORNEADO

Ingredientes

Un buen pastel debería estar compuesto de los ingredientes más frescos y de la **mejor calidad**. Creo firmemente que se ha de poner el énfasis en los **sabores** para que el resultado final sea **impactante** y satisfaga al paladar sin necesidad de comer una porción gigante. Aproveche las materias **locales** y **estacionales** para transformar un pastel en algo de verdad **especial** y experimente con un ingrediente para convertirlo en el «**héroe**» del pastel. Una vez que domine los **fundamentos** de la pastelería, puede sustituir los componentes y los azúcares para **modificar** sutilmente y **personalizar** sus pasteles.

Azúcares

El azúcar es la columna vertebral de cualquier pastel, si bien la gran cantidad de variedades disponibles proporciona sutiles diferencias a los pasteles. El azúcar puede obtenerse de la caña de azúcar o de la remolacha azucarera. No hay diferencias entre ambos. Experimente para determinar cuál es el que prefiere.

Azúcares blancos o refinados

Estos azúcares puros y blancos, valorados por su rápida solubilidad, se someten a un tratamiento para eliminar las melazas. Aportan dulzor, una textura más crujiente y un color más pálido al resultado final.

Azúcar lustre blanco Lo utilizo para preparar crema de mantequilla blanca. El color básico neutro resulta ideal si hay que añadir purés de fruta o colores para lograr una tonalidad controlada. Este azúcar también constituye la base del glaseado real, el glaseado de cobertura y el *fondant*, ya que con él se consigue el fondo blanco perfecto para cualquier decoración adicional.

✔ IDEAL PARA glaseado real y crema de mantequilla blanca

Azúcar lustre sin refinar Con este azúcar lustre se prepara la mejor crema de mantequilla, con un sabor no únicamente dulce, sino también más acaramelado, y el color dorado del caramelo. Utilice este azúcar para dar un maravilloso sabor al merengue. Puede emplearlo para el glaseado real, el glaseado y el *fondant* para preparar una cobertura con un fantástico color y sabor a caramelo natural.

✔ IDEAL PARA crema de mantequilla y glaseado real de color natural

Azúcar blanquilla (granulada, extrafina) Este azúcar blanco sirve para elaborar un merengue italiano de color blanco puro y se emplea en pastelería para aportar una textura crocante y un sabor dulce.

✔ IDEAL PARA merengue italiano

Azúcar blanquilla dorada Suelo emplear este azúcar en todos mis pasteles blancos más blandos, como el de vainilla (*véanse* págs. 44-45), el de limón (*véase* pág. 91) y *chiffon* (*véase* pág. 62). Es ideal para formar cremas con mantequilla y aporta el beneficio de su ligereza con un toque de caramelo, que proporciona humedad y sabor a los pasteles horneados.

✔ IDEAL PARA hacer pasteles y crema de mantequilla de merengue suizo

Los azúcares blancos confieren una textura crujiente inmediata, mientras que los azúcares morenos aportan profundidad de sabor y una textura más densa.

Jarabe de glucosa

Melaza   Azúcar blanquilla dorada   Azúcar lustre sin refinar   Azúcar lustre blanco

Azúcares morenos o sin refinar

Estos azúcares incluyen el demerara, el dorado y el mascabado. Tienen distintas utilidades en pastelería, pero ninguno de ellos está refinado, con lo que mantienen el valor nutritivo esencial y una cantidad diferenciada de melazas. Pueden proceder de la caña de azúcar o de la remolacha.

Azúcar moreno claro Empleo este azúcar en todos mis pasteles con base de chocolate: al ser oscuro, el color no afecta al pastel horneado. Aporta un maravilloso sabor acaramelado con una textura intensa más consistente, ideal para un pastel de chocolate.

✔ IDEAL PARA pasteles preparados con el método derretido y pasteles con base de chocolate

Azúcar moreno oscuro/mascabado Este azúcar contiene un alto porcentaje de melazas, lo que asegurará que los pasteles sean ricos, oscuros, con un sabor intenso y esponjosos. El azúcar tiende a emplearse en pasteles especiados para equilibrar los sabores, como el pegajoso pan de jengibre (véase pág. 73) y el exquisito y denso pastel de frutas (véase pág. 74).

✔ IDEAL PARA pasteles densos de frutas y especiados

Azúcares líquidos

Miel A mi parecer, la miel resulta ideal como saborizante adicional y no tanto como endulzante. Añadido a una cobertura o a un relleno crujiente aporta profundidad, aunque no suele emplearse como base en pastelería.

✔ IDEAL PARA aportar sabor a las cremas de mantequilla y pasteles

Jarabe de arce Compruebe que utiliza el jarabe de arce auténtico, obtenido a partir de la savia de los arces y de consistencia más bien líquida, y no un almíbar aromatizado con arce, que tiende a ser mucho más dulce y viscoso. Confiere un sutil sabor a los pasteles horneados, pero adquiere personalidad propia al emplearlo como saborizante en rellenos y coberturas.

✔ IDEAL PARA rellenos y coberturas

Jarabe de glucosa Este azúcar invertido es un azúcar transparente, líquido a temperatura ambiente. Es fácil de conseguir, lubrica rellenos y coberturas como la *ganache*, el merengue y la miel.

✔ IDEAL PARA *ganache* de chocolate y glaseado real

Jarabe de melaza dorado ligero Este jarabe viscoso de color dorado pálido se obtiene a partir del jarabe remanente durante el proceso de refinado del azúcar. Puede emplearse para preparar coberturas, glaseados, caramelo esponjoso y bizcocho de chocolate, así como muchos púdines.

✔ IDEAL PARA coberturas y glaseados

Melaza negra Este jarabe oscuro sin cristalizar es el residuo prácticamente negro que se recoge en las últimas etapas del proceso de refinado del azúcar, una vez que esta se ha extraído, y resulta menos dulce que otras melazas. Su consistencia es muy viscosa y espesa, y es rico en vitaminas del grupo B y minerales, sobre todo en hierro. Aporta un intenso color oscuro, un sabor a caramelo quemado y esponjosidad a los pasteles horneados.

✔ IDEAL PARA pasteles especiados

Miel

Azúcar moreno claro

Azúcar moreno oscuro/mascabado

Harinas

La mayoría de los pasteles se preparan con harina de trigo, que proporciona almidón y proteína (gluten) para sostener la estructura del pastel. Cuando el pastel se hornea, los gránulos de almidón se hinchan y absorben la humedad de la masa. La proteína (gluten) se extiende alrededor de las burbujas de aire y se desnaturaliza a alta temperatura, lo que permite soportar la estructura esponjosa del pastel horneado.

Tipos de harina

La harina blanca de trigo proporciona los mejores resultados para la pastelería: ligeros y esponjosos, y con suficiente almidón y proteína para que el pastel quede firme y se absorba la humedad durante el horneado.

✔ IDEAL PARA todo tipo de pasteles y galletas

La harina integral contiene todo el grano de trigo y ofrece nutrientes adicionales, así como los sabores intensos de las especias y los azúcares. Es muy adecuada para los pasteles preparados con el método del derretido con un contenido en agua elevado. Los pasteles hechos con esta harina tienden a ser más densos, menos aireados y requieren una mayor cantidad de humedad antes de hornear, pero en cambio ofrecen un sabor más profundo y una textura más consistente.

✔ IDEAL PARA pasteles de hortalizas de raíz

La harina común es harina pura de trigo sin agentes leudantes añadidos.

✔ IDEAL PARA pasteles batidos y de chocolate

La harina con levadura ya incorpora la levadura. Puede sustituir una parte de la harina de trigo por harinas de cebada y espelta (una variedad antigua de trigo) para añadir textura y sabor, si bien estas son más difíciles de conseguir y no obtendrá el mismo resultado, ya que su contenido en gluten es inferior.

✔ IDEAL PARA el método de mezcla única y los pasteles cremosos

La polenta se obtiene de la molienda del maíz, no contiene gluten y puede utilizarse combinada con almendras para preparar un pastel totalmente libre de gluten, o bien con harina de trigo para conseguir una textura y un color interesantes, así como un mayor contenido en nutrientes.

✔ IDEAL PARA pasteles sin gluten o para aportar color y textura

La harina sin gluten puede obtenerse a partir de la molienda de arroz, trigo, tapioca, trigo sarraceno o patata y puede sustituirse con éxito en las recetas de pasteles que requieran una menor proporción de harina y que incluyan ingredientes de sabores fuertes, como chocolate, especias y melaza. El resultado suele ser más ligero, con una textura arenosa y un regusto más intenso. Puede añadir goma xantana a los pasteles con harina sin gluten para mejorar la estructura de la miga y reducir el desmigado.

✔ IDEAL PARA pasteles sin gluten

«Mi regla de oro es que los pasteles deben prepararse con una harina de trigo común con bajo contenido de gluten y nunca con harina de fuerza, con la que se obtienen pasteles duros, consistentes y densos».

La harina debería almacenarse dentro de un recipiente hermético en un lugar fresco y seco para evitar que se aterrone. Utilice la harina preparada con levadura cuanto antes, ya que la potencia de la levadura se reduce con el tiempo.

Grasas

Las grasas aportan sabor y palatabilidad a los pasteles y productos horneados, al tiempo que mejoran las características de conservación del pastel. Pueden añadirse en forma sólida (mantequilla, manteca, margarina) o líquida (aceites). Recuerde que en cualquier caso deben estar a temperatura ambiente para maximizar la cremosidad.

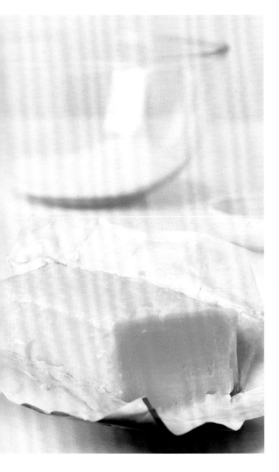

La mantequilla, de uso más común, está compuesta de un mínimo de 80 % de grasa. Se presenta en dos variedades, con o sin sal, y con ambas se obtienen los mismos resultados en cuanto a apariencia, aunque el sabor es distinto. En mis recetas prefiero usar la mantequilla sin sal y añadir una pizca de sal a las recetas que la requieran específicamente. La mantequilla sin sal tiene un sabor limpio y lácteo que se mezcla a la perfección en los pasteles y productos horneados. Compruebe que sea fresca y que alcance la temperatura ambiente de forma natural.

✔ IDEAL PARA pasteles batidos y crema de mantequilla

La margarina también contiene un mínimo de 80 % de grasa y se fabrica con aceites vegetales que se hidrogenan para que sean sólidos a temperatura ambiente, por lo que resultan ricos en grasas trans. Nutricionalmente no ofrece más beneficios que la mantequilla. Es más blanda a temperatura ambiente y se bate bien. Su sabor resulta menos intenso que el de la mantequilla, y no se digiere con tanta facilidad.

✔ IDEAL PARA los pasteles de método de mezcla única

Los aceites son 100 % grasa y resultan líquidos a temperatura ambiente. Son ideales para los pasteles y masas del método del derretido y para pasteles esponjosos. Ayudan a mantener la humedad en el pastel horneado, que puede refrigerarse con éxito, ya que los aceites no se solidifican. Los aceites de girasol y colza son adecuados para hornear, aunque también pueden utilizar una mezcla de aceites vegetales. El aceite de cacahuete tiene poco o ningún sabor y va bien para engrasar moldes.

✔ IDEAL PARA pasteles de hortalizas de raíz y *chiffon*

La manteca es una grasa sólida compuesta 100 % por grasa de cerdo. Resulta ideal en las masas para bollería y puede emplearse en los púdines al vapor, aunque no la recomiendo para hacer pasteles, pues no se bate bien. Vale la pena mencionar que, a pesar de su reputación, la manteca contiene menos grasas saturadas, más grasas insaturadas y menos colesterol que la mantequilla.

✔ IDEAL PARA bollería

« Prefiero utilizar mantequilla sin sal en todos mis pasteles y añadir una pizca de sal en las recetas que la requieren específicamente ».

Los pasteles elaborados con mantequilla o margarina serán más firmes, y su sabor más seco, cuando se conserven en la nevera y se consuman directamente salidos de ella, ya que la grasa que contienen se solidificará con el frío. Espere a que adquieran la temperatura ambiente.

Huevos

Los huevos se utilizan con frecuencia en pastelería, ya que producen varios efectos en la estructura horneada del pastel. La yema de huevo contiene una grasa humectante y lecitina, un agente emulsificante muy efectivo que ayuda a mantener la estabilidad en la masa del pastel y a que tenga una textura uniforme.

La clara de huevo es una proteína elástica. Tiene la capacidad de airear y atrapar una gran cantidad de burbujas de aire diminutas que pueden incorporarse al pastel. Cuando el pastel se hornea, la proteína de la clara de huevo cuaja, capta estas burbujas de aire y ofrece como resultado un postre ligero y esponjoso. Por eso resulta esencial utilizar huevos frescos a temperatura ambiente: de esta manera tendrán una mayor elasticidad para obtener una aireación máxima.

Así pues, es importante emplear huevos muy frescos y que no estén próximos a caducar, ya que su estructura, composición y propiedades se reducen con el tiempo. Conforme este avanza, aumenta de tamaño la bolsa de aire dentro del huevo y este resulta menos denso, por lo que al colocarlo en un cuenco de agua fría, flota. Como las cáscaras de huevo son porosas, absorben cualquier sabor fuerte del entorno en el que se almacenan. Por ello, es recomendable guardarlos dentro de la huevera, refrigerados, y sacarlos la víspera para que alcancen la temperatura ambiente antes de utilizarlos en sus recetas.

Los huevos de gallina son los más fáciles de conseguir. En mis recetas empleo huevos de tamaño mediano o grande. Los medianos pesan unos 53-63 g; los grandes, unos 63-73 g.

Los huevos de pato pueden utilizarse en lugar de los de gallina para preparar pasteles de vainilla más ligeros. Su contenido en grasa es algo superior, por lo que los pasteles quedarán esponjosos y ligeros.

Los huevos de oca también son habituales en pastelería y proporcionan una textura rica, cremosa y ligera. Sustituya un huevo de oca por tres huevos de gallina.

Ahora es posible encontrar clara de huevo pasteurizada, normalmente en la sección de refrigerados de los supermercados. El envase contiene el equivalente a 15 claras de huevo, que pueden utilizarse con total garantía para hacer merengue y glaseado real.

✔ TODOS LOS HUEVOS SON IDEALES
para su uso en pastelería

CONSEJO DE MICH

Para comprobar si un huevo es fresco, sumérjalo en un cuenco de agua fría. El huevo que se hunde es fresco y puede utilizarse. Si flota o la base gravita hacia la superficie, debería descartarlo.

«*Siempre saco los huevos de la nevera al menos seis horas antes de hornear (o idealmente la víspera) para asegurarme de que alcanzan la temperatura ambiente*».

Ingredientes adicionales

Además de los ingredientes básicos, los pasteles pueden contener toda una variedad de frutas, hortalizas, frutos secos y especias. Pruebe a adornar sus pasteles favoritos con estos ingredientes para ampliar su repertorio.

Frutas

La fruta fresca y la estacional constituyen una adición maravillosa a cualquier pastel. Pueden hornearse con el pastel, y añaden color, sabor y textura. Las ralladuras y zumos de cítricos pueden utilizarse para intensificar el sabor y crear deliciosos almíbares aromatizados o cortezas confitadas. Las frutas blandas y las bayas pueden servir para preparar maravillosas compotas y purés, o bien emplearse como decoración.

Los frutos secos se aprovechan para reforzar el sabor, la esponjosidad y el contenido nutricional de los pasteles. Entre las frutas de viñedo se encuentran las pasas de Corinto, las sultanas y las pasas, pero también pueden ser una adición ideal otras frutas deshidratadas como las cerezas, los arándanos, los dátiles, higos, ciruelas y albaricoques. Experimente para descubrir sus combinaciones favoritas.

Hortalizas

El pastel de zanahoria es, hoy en día, muy habitual en la mayoría de las cafeterías, los bares y las pastelerías, aunque también se pueden utilizar otras hortalizas para crear pasteles deliciosamente esponjosos, muy nutritivos y menos dulces. Las hortalizas contienen una gran cantidad de minerales y vitaminas esenciales; su contenido en grasa es mínimo o nulo, y su contenido en azúcar, bajo. Los calabacines, la remolacha, el boniato y la chirivía también se emplean para hacer unos pasteles fantásticos.

Frutos secos

Los frutos secos constituyen una rica fuente de proteína y aceites esenciales. Aportan textura y sabor a los pasteles, y pueden aprovecharse en rellenos y glaseados, así como en decoración.

Chocolate

Es el más tentador de los ingredientes adicionales en pastelería. Se encuentra disponible en muchas variedades, pero los esenciales son el negro y el blanco.

Chocolate negro (70 % de sólidos de cacao)
El porcentaje de sólidos de cacao que aparece en la etiqueta refiere la cantidad total de sólidos de cacao y grasa de cacao. Entre los ingredientes restantes suele encontrarse azúcar, leche, lecitina y vainilla. Cuanto mayor sea el porcentaje de sólidos de cacao y menor el contenido de azúcar, mejor será la calidad y la intensidad del sabor a chocolate. Para todos mis pasteles utilizo chocolate con un 70 % de sólidos de cacao: si el contenido es menor, el sabor a chocolate quedará deslucido, y si es mayor, resultará demasiado amargo.

Técnicamente el **chocolate blanco** no es chocolate real, ya que no contiene sólidos de cacao. Se trata de una combinación de manteca de cacao, azúcar y un mínimo de 14 % de sólidos de leche con 3-5 % de grasa de leche. Suele añadirse vainilla para darle más sabor. No tiene la intensidad del chocolate negro para su empleo en una masa para hornear, pero puede añadir una cremosidad deliciosamente ligera a las cremas de mantequilla, *ganaches* y decorados.

CONSEJOS DE MICH

1 Lave todos los cítricos con agua fría para retirar cualquier resto de cera.

2 La mayoría de los frutos secos mejoran si se remojan en un líquido para rehidratarlos antes de hornear. Los licores como el *brandy* y el ron funcionan bien, pero también los zumos de frutas naturales, los tés aromatizados y los cordiales pueden tenerse en cuenta.

3 Utilice hortalizas muy frescas elegidas especialmente para el pastel y no emplee aquellas cuyo mejor momento haya pasado. El pastel solo será tan bueno como los calabacines que lleve.

4 Tueste los frutos secos antes de hornear para intensificar su sabor.

«Para todos mis pasteles utilizo chocolate con un 70 % de sólidos de cacao. Un contenido inferior aportará un sabor deslucido; si es mayor quedará demasiado amargo»

Especias, aromas y licores

Aunque un pastel está compuesto principalmente por los ingredientes básicos
–harina, grasa, azúcar y huevo–, son los aromas, las especias y los adornos
los que en verdad hacen que un pastel sea identificable y memorable.

Aromas

La vainilla es uno de los aromas más empleados en pastelería. Se encuentra disponible en una gran variedad de formas, lo que facilita su uso para cada propósito. Las vainas de vainilla contienen las semillas de la raíz aérea de la orquídea de la vainilla.

Vaina de vainilla. Abra la vaina y extraiga las semillas justo antes de su empleo para aprovechar la intensidad del sabor más concentrado. Coloque la vaina restante en un frasco de azúcar blanquilla para preparar su propio azúcar avainillado para otras recetas y en sus adornos más aromáticos.

La pasta de vainilla es un líquido viscoso que contiene las semillas de la vainilla. Resulta fácil de dosificar y proporciona el color moteado negro típico de la vainilla, además del sabor característico. Me gusta utilizarlo en cremas de mantequilla y pasteles de vainilla.

El extracto de vainilla es un líquido de color marrón que aporta su aroma, pero sin el color negro moteado de las semillas. Está indicado para los pasteles de tono oscuro en los que las semillas no se ven tanto, como los de chocolate o fruta. Es más asequible que las vainas o la pasta de vainilla.

Otros aromas, como el agua de rosas, el agua de azahar, la esencia de naranja, el extracto de almendras o el aceite de menta, se hallan fácilmente disponibles y pueden conferir, según sea necesario, un aroma muy intenso o un toque muy delicado.

Especias

Hay muchas especias que pueden emplearse en pastelería, entre las que se encuentran la canela, la nuez moscada, los clavos de olor, el jengibre y el cardamomo. El jengibre puede ser recién rallado, seco en polvo, confitado o cristalizado, cada uno con una maravillosa potencia característica.

CONSEJO DE MICH

Compre las especias en cantidades pequeñas y almacénelas en bolsas selladas y separadas; suelen perder intensidad rápidamente una vez abiertas. Utilice una bolsa nueva cada vez que prepare la receta para asegurarse de que las especias son frescas.

Bicarbonato sódico   Vainas de vainilla   Agua de rosas   Canela en rama

Jengibre cristalizado   Jengibre molido   Clavos de olor

> «No soy muy aficionada a los pasteles borrachos, pero me gusta utilizar los licores para macerar las frutas antes de su horneado a fin de darles un sabor más profundo».

Licores

No soy muy aficionada a los pasteles borrachos, pero me gusta utilizar los licores para macerar las frutas antes de su horneado a fin de darles un sabor más profundo y empapar más los pasteles.

El *brandy*, el ron y el jerez pueden emplearse para remojar las pasas. El *kirsch* muestra una maravillosa afinidad con las cerezas e incluso con las guindas.

El champán puede añadirse a los frutos rojos frescos para preparar una tentadora compota veraniega. La cerveza negra o Guinness puede servir en deliciosos pasteles en combinación con chocolate o frutas.

Agentes leudantes y sales químicas

Son los responsables de la química orgánica que tiene lugar durante el proceso de preparación de los pasteles.

Levadura en polvo: se trata de un agente impulsor que contiene bicarbonato sódico y ácido tartárico, habitualmente acompañado de almidón antiapelmazante para absorber la humedad durante el almacenamiento y facilitar la dosificación del polvo. Estos productos químicos producen dióxido de carbono cuando entran en contacto con el agua, lo que provoca que el pastel suba.

Bicarbonato sódico: es un sólido cristalino, molido en forma de polvo fino. Tiene un sabor algo salado y alcalino, y cuando entra en contacto con un ácido reacciona y produce dióxido de carbono, que a su vez funciona como agente leudante. Entre los ácidos se encuentran el zumo de limón, el vinagre, el suero de leche y el yogur.

Crémor tártaro: el tartrato ácido de potasio es un producto secundario de la elaboración del vino. Los cristales finos se obtienen del ácido tartárico refinado, que se forma en el interior de las barricas de vino. Se añade al bicarbonato sódico para formar la levadura en polvo que se comercializa. Puede usarse por sí solo para estabilizar las claras de huevo, para aumentar su resistencia al calor y para incrementar su volumen al preparar merengues o espumas.

Kirsch

Cerveza negra

Ron

Brandy

Pasta de vainilla

Nuez moscada

Jengibre en conserva

Pepitas de chocolate blanco

Pepitas de chocolate negro

Cacao en polvo

Preparación

Es importante dedicar el tiempo necesario a **prepararlo** todo bien antes de elaborar y hornear un pastel. Todos los ingredientes deberían ser **frescos** y tienen que haber reposado hasta adquirir la **temperatura** ambiente cuando así se indique; además, se ha de contar con las cantidades exactas y bien medidas. Es preciso, asimismo, que todos los cuencos y el **equipo** auxiliar estén **escrupulosamente limpios** y hay que emplear el utensilio adecuado para cada tarea. Los cuencos deben ser lo suficientemente grandes para permitir la aireación durante el proceso de batido y han de tener el **tamaño** adecuado y estar forrados **a conciencia** para asegurar que el pastel horneado presente un acabado **profesional**.

Forrar moldes para hornear

El forrado de los moldes para hornear puede ser un trabajo tedioso y que lleve mucho tiempo, pero resulta primordial hacerlo de manera adecuada y precisa. De este modo se asegurará de que el pastel se hornea bien y adquiere una forma sólida que puede extraerse con facilidad del molde. Forre el molde antes de comenzar a preparar el pastel y así tendrá la certeza de que estará listo en el momento necesario.

FORRAR UN MOLDE REDONDO, CUADRADO O CON OTRA FORMA, Y DE BORDES ALTOS (profundidad de 7,5 cm o mayor)

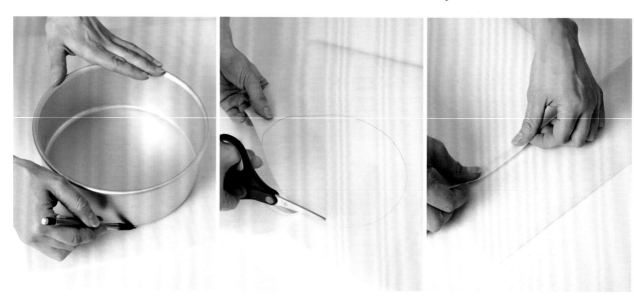

Doble una hoja de papel sulfurizado por la mitad. Coloque el molde encima y trace una línea alrededor de su contorno con un lápiz. Sujetando la hoja doblada, recorte con cuidado dos círculos justo por el interior de la plantilla trazada con el lápiz. Doble a lo largo otra hoja de papel sulfurizado y levante el borde doblado unos 2,5 cm en toda su longitud. Presiónelo firmemente para formar un doblez.

CONSEJOS DE MICH

1 La hoja de papel sulfurizado debería ser ligeramente más larga que la circunferencia del molde y tendría que medir 2,5 cm más que la altura de este. Mida la circunferencia con una cinta métrica o con un trozo de cordel. Es posible que para forrar los moldes de mayor tamaño sea necesario utilizar más de una hoja de papel de hornear.

2 Puede que resulte útil cubrir la superficie de la base y los lados del molde con un poco de aceite de girasol, para lo que puede servirse de un pincel, antes de insertar el papel antiadherente de horno a fin de que quede fijo en su sitio.

3 Las láminas antiadherentes de teflón (del tipo Bake-O-Glide®) pueden cortarse para adaptarlas y reutilizarlas si hornea con regularidad un pastel de un tamaño determinado.

Utilice unas tijeras afiladas para practicar cortes diagonales a lo largo del extremo doblado y hasta el pliegue, con intervalos de 2,5 cm. Coloque una hoja en la base del molde e inserte los forros laterales. Presione para ajustarlos bien. Ponga la otra hoja en el interior del molde, así cubrirá los cortes diagonales en el forro lateral y se asegurará de que la masa no se introduce en los pliegues. El molde ya estará listo para su uso.

Es importante que, en cuanto termine de mezclar la masa, la transfiera al molde y que lo introduzca enseguida en el horno caliente para aprovechar al máximo los agentes leudantes activos y la aireación que producen.

FORRAR UNA PLACA PARA HORNEAR O UN MOLDE DE BORDES BAJOS

Coloque la placa sobre una hoja de papel sulfurizado dejando un marco de unos 5 a 7,5 cm alrededor del borde para recubrir los lados del molde. Trace el contorno de la base de la placa con un lápiz. Recorte las esquinas del papel de horno a partir de cada uno de los extremos superior y lateral del papel de horno hasta llegar a la línea trazada. El papel resultante debe tener una forma rectangular a la que se han recortado cuatro cuadrados en las esquinas. Doble a lo largo de las líneas para formar un doblez muy marcado. Ponga el papel sobre la placa.

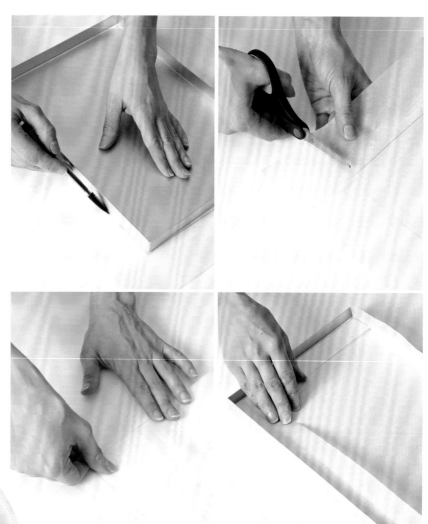

Incluso a los moldes antiadherentes les va bien estar recubiertos, pues así la delicada estructura de la miga del pastel queda protegida mientras este se saca y manipula.

FORRAR UN MOLDE PARA *KUGELHOPF*

Existen muchos aerosoles con los que se puede aplicar una capa uniforme de grasa. Estos están particularmente indicados para los moldes de formas intrincadas o los de silicona.

FORRAR UN MOLDE EN FORMA DE ANILLO

Pincele el interior del molde con
mantequilla derretida. Vaya con cuidado
para cubrir toda la superficie de manera
uniforme. Espolvoree con harina suficiente
el interior del molde a fin de recubrir
la base y las paredes. Golpee suavemente
y vuelque el molde hasta que la base y
las paredes queden recubiertas. Invierta
el molde y golpee con delicadeza
para eliminar el exceso de harina.
El molde estará listo para usar.

FORRAR UN MOLDE
PARA NO HORNEAR

Algunos pasteles no se hornean, sino
que cuajan en la nevera. Estos pasteles
se colocan en moldes forrados con película
de plástico. Pincele el molde con aceite de
cacahuete o girasol y presione la película
sobre este hasta recubrir los lados y la base,
y ya podrá usarlo.

Desmoldar los pasteles

Una vez que el pastel está horneado, es esencial saber cómo debe enfriarlo y cuándo y cómo sacarlo del molde para proteger la delicada estructura de la miga. De esta manera evitará que se hunda, se seque o se vuelva pastoso y denso. Es recomendable utilizar una manopla para manipular con seguridad los moldes calientes al sacarlos del horno. La preparación resulta clave, pues los pasteles solo se desmoldan con facilidad si los moldes se han forrado correctamente antes de hornear.

DESMOLDAR

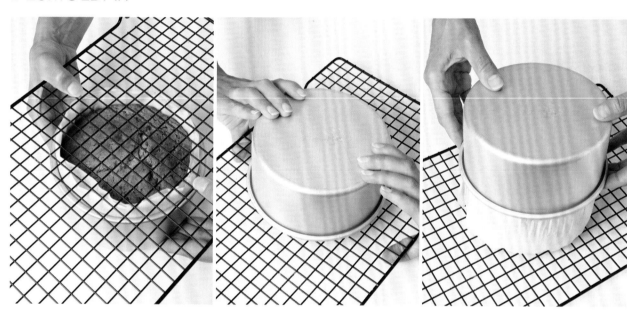

Utilice una manopla para sacar el molde del horno y colocarlo sobre una rejilla. Espere a que el pastel se enfríe por completo. El tiempo dependerá de su tamaño, aunque como regla general se necesitan para ello unas cuatro horas. Coloque una rejilla al revés sobre el molde.

Sujetando el molde y la rejilla con fuerza, inviértalos juntos. Con cuidado, levante el molde del pastel efectuando un movimiento vertical recto.

CONSEJO DE MICH

Muchos pasteles deben dejarse enfriar en el molde para que adquieran consistencia y retengan humedad. Si los saca demasiado pronto, el vapor se escapará rápidamente, con lo que el pastel se secará y se correrá el riesgo de que se hunda. No obstante, siempre hay excepciones, las cuales se destacan en el libro.

Retire el papel de los lados del pastel. Con cuidado, saque también el papel sulfurizado que recubre la base. Coloque un soporte de pastel sobre su cara visible (base) y, ayudándose con la rejilla, gire de nuevo el pastel hasta que el lado superior quede hacia arriba. Retire la rejilla.

«*Invierta en una rejilla para enfriar lo suficientemente grande como para adaptarse a todos sus pasteles horneados. Yo suelo voltear los pasteles de gran tamaño sobre bases para pastel*».

DESMOLDAR UN MOLDE DESMONTABLE

Pase un cuchillo afilado alrededor del borde interior del molde para separar el pastel. Afloje el cierre en el exterior del molde.

Levante con cuidado el aro del pastel. Deslice el pastel sobre la base del molde. Vuelque el pastel (si es pequeño, puede sostenerlo en la mano o bien utilizar una base para pastel para ayudarse) y retire el forro antiadherente.

DESMOLDAR UN MOLDE DE ANILLO

Deje que el pastel se enfríe suspendiendo el molde sobre un cuenco de vidrio puesto al revés. De esta manera permitirá que se escape el vapor sin deformar el pastel. Pase un cuchillo paleta alrededor del borde interior del molde para separar el pastel. Sujete el molde con firmeza y estire suavemente del forro hacia arriba para sacar el pastel.

Dependiendo del pastel, algunos deben dejarse enfriar en el molde, mientras que para otros es recomendable sacarlos enseguida. Puede que resulte difícil manipular pasteles calientes y pesados. Invierta en un buen par de manoplas de horno y en varias rejillas para enfriar.

DESMOLDAR UNA PLANCHA DE UN MOLDE

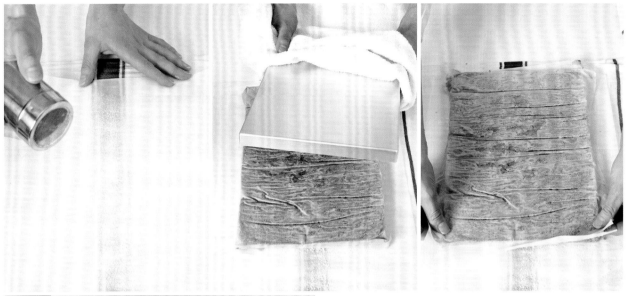

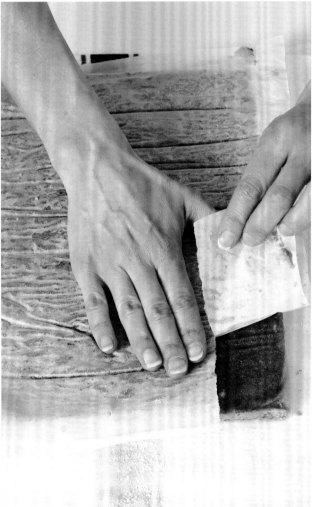

Coloque una hoja de papel de horno sulfurizado en la superficie de trabajo sobre un paño de cocina limpio y húmedo. Espolvoree con azúcar blanquilla dorada o azúcar lustre. En cuanto el pastel esté horneado, sáquelo del horno y vuélquelo sobre el papel sulfurizado.

Asegúrese de que todas las esquinas del papel están desdobladas. Retire el papel por tiras con cuidado para proteger la superficie de la plancha.

« La manipulación de los pasteles calientes y pesados al sacarlos del horno requiere cuidado y habilidad ».

Métodos de preparación

Para elaborar pasteles existen muchos **métodos** que debe dominar, y cada uno de ellos producirá un pastel con distintas propiedades organolépticas, de **manipulación** y de **almacenamiento**. En esta sección le mostraré los métodos básicos para **acremar**, **batir**, **fundir** y **mezclar** todo de una vez, incidiendo en las etapas claves de cada proceso. También destacaré los fallos que debe evitar para asegurarse de que obtiene un horneado **consistente** y correcto en cada ocasión.

1. El método cremoso
2. El método de batido
3. El método de masa y espuma
4. El método de fase única
5. El método derretido

1 El método cremoso

En este método, se bate la mantequilla o la margarina con azúcar con una batidora eléctrica hasta obtener una emulsión ligera, aireada y voluminosa. Los huevos se añaden muy despacio, batiendo bien entre cada adición para formar una emulsión estable (la lecitina en la yema de huevo) con una aireación máxima (la albúmina, la proteína elástica de la clara). La harina se incorpora con toques muy ligeros y una cuchara metálica o espátula plana para evitar extraer todo el aire.

INGREDIENTES

Esta secuencia proporciona instrucciones paso a paso sobre el método cremoso para preparar un pastel. No existe una receta estándar, pero la mayoría de ellas incluyen mantequilla, azúcar blanquilla dorada, huevos y harina, y también permiten la adición de un aroma extra como pasta de vainilla, ralladura de cítricos o chocolate, entre otros.

Por favor, consulte cada receta específica en lo que concierne a cantidades, temperaturas de horno y tiempo de cocción.

Todos los ingredientes, a excepción de la leche, deben estar a temperatura ambiente.

Coloque la mantequilla ablandada y el azúcar en el cuenco limpio de un robot de cocina. Póngalo en marcha a velocidad lenta, al principio, para mezclar la mantequilla con el azúcar. Continúe batiendo durante 10 minutos a velocidad rápida para obtener el pastel cremoso perfecto.

✘ Lo que no debe hacer

Si no bate el tiempo indicado, la masa no incorporará el aire necesario para el pastel, lo que dará como resultado un pastel denso, correoso, con bordes bajos y un pico en el centro.

✖ Lo que no debe hacer

Añadir los huevos demasiado deprisa cortará la masa. No afectará al sabor, pero el pastel resultará menos esponjoso y estable, y como resultado se obtendrá una miga más densa. Si el proceso de batir la mantequilla y el azúcar con el huevo se hace con prisa, la masa quedará líquida y cortada. Soluciónelo añadiendo una cucharada de harina y batiendo a gran velocidad para airear y rescatar la mezcla.

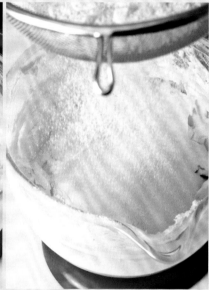

Ponga los huevos batidos en una jarra y viértalos formando un hilo fino continuo sobre la mezcla cremosa de mantequilla y azúcar mientras con la batidora eléctrica bate a velocidad alta durante unos 20 minutos. Retire la batidora. Tamice la harina sobre el cuenco. De esta manera eliminará los terrones o grumos de la harina e incorporará más aire a la masa, ya que la harina se airea.

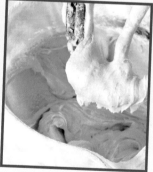

✖ Lo que no debe hacer

No bata la harina mientras la incorpora a la masa del pastel, pues con ello perdería las burbujas de aire y activaría las proteínas elastizadas y elásticas del gluten, con lo que obtendría un pastel correoso y denso. Añádala con cuidado a mano con una espátula metálica o de goma hasta que quede bien mezclada.

Con cuidado, incorpore la harina utilizando una cuchara metálica o una espátula plana. En este proceso se ha de pasar la espátula alrededor del borde de la mezcla y voltearla con una acción cortante hasta incorporar la harina. Transfiera cuidadosamente la mezcla al molde preparado sosteniendo el cuenco cerca del molde para que la masa no caiga desde una gran altura, lo que provocaría la pérdida de aire.

No es posible batir la masa en exceso. Yo lo hago durante 10 minutos a la máxima velocidad para asegurar un nivel elevado de aireación y emulsificación antes de añadir los huevos.

CONSEJOS DE MICH

1 La mantequilla debe sacarse de la nevera para que se atempere de forma natural, pues si está fría no se trabajará bien y producirá un pastel denso, granuloso y pesado. No sucumba a la tentación de ablandarla en el microondas, ya que entonces se derretirá y perderá sus propiedades. No resulta técnicamente posible batir la mantequilla y el azúcar en exceso: cuanto más tiempo, mejor.

2 La clara de huevo (albúmina) es una proteína elástica y queda mejor cuando se calienta. Si está fría, no se extenderá alrededor de las burbujas de aire, lo que dará como resultado un pastel espeso. En cambio, a temperatura ambiente permite lograr la aireación máxima, mientras que en frío es más susceptible de cortarse cuando se añade a una masa. La yema de huevo contiene lecitina, un excelente emulsificante.

3 Casi debería mantener la respiración mientras incorpora delicadamente la harina a fin de asegurarse que la mezcla bien, que la masa queda fina y que se destruye la menor cantidad de burbujas de aire. Si bate la harina en exceso, desarrollará el gluten y el pastel resultante quedará duro, seco y correoso.

4 Compruebe que el horno está programado a la temperatura correcta en cuanto comience a preparar la masa. Es importante que alcance la temperatura adecuada, de manera que pueda introducirlo tan pronto como la masa esté en el molde. En esta fase, cualquier retraso mientras espera a que el horno alcance la temperatura indicada podría comportar que la masa del pastel se asentase, que perdiese el aire o que el impulsor comenzase a actuar y perdiese parte de su potencia antes de hornear, lo que daría un pastel denso.

Utilice el reverso de la espátula para alisar la superficie de la masa en el molde. Ahora el pastel estará listo para hornear. Hornéelo durante el tiempo establecido o hasta que la superficie adquiera un color dorado y al insertar un palillo en el centro este salga limpio. Saque el pastel del horno y déjelo enfriar en el molde durante 10 minutos. El pastel perfecto debería presentar una elevación homogénea y una textura regular, con burbujas de aire uniformes en todo el pastel. La corteza tendría que ser esponjosa y no dura o densa.

> *«Preparar y hornear el pastel perfecto requiere su tiempo. He visto muchos pasteleros corriendo para meter su pastel en el horno, tomando atajos en el proceso».*

Bajo en los lados y una punta en el centro

Textura cerrada y densa

✘ Lo que no debe hacer

Al añadir toda la harina y mezclarla con la batidora eléctrica, la harina queda incorporada y contribuye a estabilizar la masa. Sin embargo, también se desarrolla el gluten en la harina, reforzándola y haciéndola más elástica y correosa, aunque por desgracia ello produce el mismo efecto en el pastel horneado. La masa resultante presenta un aspecto pesado, oscuro y espeso, mientras que el pastel se eleva poco en los lados y demasiado en el centro. Esto es debido a la falta de aireación durante la preparación, lo que solo permite al impulsor en la harina que suba el centro del pastel durante el horneado. La textura es irregular, densa, y el pastel parece más oscuro, duro y espeso. La falta de tiempo de batido no favorece que se incorpore el aire suficiente a la masa y el pastel resulta pesado, duro, con unas paredes bajas y un pico en el centro.

Pastel de chocolate cremoso

Los pasteles de chocolate son tentadores y deliciosos, pero para hornearlos y que salgan perfectos, con la intensidad de sabor justa, se requiere una gran habilidad. Deben salir ricos, pero no amargos ni abrumadores, y se ha de equilibrar una textura jugosa con un tacto suave. El pastel de chocolate debe consumirse a temperatura ambiente, ya que el chocolate frío parece más seco.

Para preparar un pastel redondo de 20 cm (*véase también pág. 82 para otros tamaños*)

INGREDIENTES

250 g de mantequilla blanda

350 g de azúcar moreno claro

5 huevos medianos batidos

200 g de chocolate negro (70 % sólidos de cacao) derretido

1 cucharada de pasta de vainilla

140 g de harina

Precaliente el horno a 160 °C.

Bata la mantequilla y el azúcar juntos para crear una emulsión aireada. Coloque la mantequilla y el azúcar en un cuenco limpio y bata despacio al principio para mezclar los dos ingredientes. Para este pastel de chocolate, sugiero que use azúcar moreno claro, ya que las melazas darán al pastel resultante una textura densa y caramelizada. El azúcar refinado producirá un pastel más seco y crujiente, y de sabor dulce, pero que carecerá del fondo acaramelado.

Añada el huevo batido lenta y continuamente en forma de hilo, batiendo para incorporarlo a la mezcla cremosa.

No sucumba a la tentación de ablandar la mantequilla en el microondas: se derretirá y carecerá de las propiedades necesarias para airear la masa y producir un pastel tan ligero como el aire.

✘ Lo que no debe hacer

Emplear ingredientes fríos o reducir el tiempo de batido de la mantequilla y el azúcar o de adición del huevo, lo que dará como resultado una masa cortada. Esta presenta grumos de masa de aspecto viscoso y un exceso de líquido. Aunque es preferible evitarlo, es posible aprovechar esta masa para hacer el pastel. Continúe batiendo durante 10 minutos mientras añade un poco de chocolate derretido (que contiene más lecitina, un estabilizante y emulsificante natural) o harina (el almidón absorberá el líquido y estabilizará la masa). El pastel resultante será denso, compacto y consistente, pero tendrá un buen sabor.

El chocolate debe estar derretido para permitir su incorporación homogénea en la masa. Déjelo enfriar antes de añadirlo para evitar que derrita la mantequilla y reduzca la aireación. No utilice chocolate con un contenido de cacao inferior al indicado, ya que la receta ha sido formulada para emplear esta cantidad a fin de contribuir a estabilizar el pastel y a aportarle un delicioso sabor a chocolate.

Cuando el chocolate esté totalmente incorporado, la masa del pastel resultante debería tener la textura de una *mousse* de chocolate batida.

Me gusta añadir, en este punto, una cucharada de pasta de vainilla. Así se refuerza el sabor del chocolate (de hecho, la vainilla se añade como ingrediente esencial en la fabricación de chocolate) y se proporciona un regusto muy agradable.

CONSEJOS DE MICH

1 Antes de comenzar, compruebe que los ingredientes están a temperatura ambiente. Así, se favorecerá la máxima aireación y se obtendrá un pastel ligero y uniforme.

2 Utilice los ingredientes más frescos y de mejor calidad; los ingredientes que no están en su estado óptimo no mejoran milagrosamente cuando forman parte de un pastel. Así pues, resulta recomendable emplear los ingredientes más frescos, con el sabor más intenso y de la mejor calidad para elaborar pasteles espectaculares.

3 Derrita el chocolate y déjelo enfriar antes de añadirlo a la masa para que no derrita la mantequilla (lo que reduciría la aireación) o cueza los huevos.

4 Pese los ingredientes con exactitud. La preparación de un pastel tiene algo de científico. Todos los ingredientes tienen una razón de ser y, como tal, resulta imprescindible que se respeten los pesos y medidas. Una cantidad excesiva o deficiente de los ingredientes clave afectará al resultado.

5 Utilice chocolate con un mínimo de 70 % de sólidos de cacao para asegurarse de que imparte un sabor a chocolate intenso y delicioso.

6 Añada la ralladura de 2 naranjas o 100 g de pacanas tostadas picadas para dar un toque distinto a esta receta de pastel de chocolate.

La harina se incorpora a la mezcla del pastel con una ligera manipulación. Si se batiera intensamente a mano, con una cuchara de madera o una batidora eléctrica se extraería todo el aire incorporado durante el proceso de batir y se reforzaría el gluten (proteína) de la harina. Esto produciría un pastel duro, consistente y denso. Retire el cuenco de la batidora eléctrica y continúe trabajando a mano. Vierta la harina en el cuenco y utilice una espátula o una cuchara de metal para amalgamar los ingredientes (con una acción simultánea de volteo y corte). Contenga casi la respiración en esta etapa y deténgase en cuanto la mezcla presente un aspecto homogéneo.

Vuelque la mezcla en un molde redondo de 20 cm, ya forrado y preparado (*véanse* págs. 24-25), y nivele la superficie con la espátula. Introdúzcala en el horno precalentado y hornee durante una hora.

Este pastel de chocolate subirá gracias a la aireación y se tambaleará ligeramente al salir del horno. La corteza quedará alta y crujiente, mientras que, debajo, el pastel será magnífico: ni demasiado seco (horneado en exceso) ni demasiado húmedo (falta de horneado). Déjelo enfriar en el molde. La corteza se asentará y puede que los bordes superiores se agrieten cuando el pastel se enfríe, lo que es del todo normal.

Comprobar si un pastel está horneado

No hay nada peor que dedicarse a perfeccionar los métodos de horneado y ver arruinado un pastel por una cocción deficiente o excesiva. Estos consejos le asegurarán que este quede en su punto perfecto en cada ocasión. Como los hornos varían, haga sus anotaciones para cada receta que pruebe y registre el tiempo perfecto de cocción para el futuro.

PROBAR CON UN PALILLO

Utilice un paño de cocina o una manopla para sacar con cuidado el pastel del horno y colocarlo sobre una rejilla de enfriamiento. Compruebe el punto de horneado insertando un palillo en el centro. Si sale limpio, el pastel está hecho.

CÓMO SABER SI EL PASTEL ESTÁ HECHO

Hay varios métodos para asegurarse de que ha finalizado el horneado de un pastel:

※ El pastel se ha horneado durante el tiempo indicado en la receta.

※ Huele a horneado.

※ El pastel debe separarse suavemente de los lados del molde.

※ La parte superior debe ser firme, pero ha de recuperar la forma si se presiona suavemente.

※ Debe tener un color dorado (aunque es difícil de discernir en un pastel de chocolate).

※ Si se inserta un palillo o cuchillo pequeño en el centro de la mayoría de los pasteles, este debe salir limpio (*véase* superior).

Estudie su horno y fíese de su instinto: si sabe que la temperatura de su horno sube mucho, vigile el pastel hacia el final de la cocción para asegurarse de que no se pasa.

✗ Lo que puede ir mal

Cualquier cambio al hornear, por pequeño que sea, puede influir en el resultado final de un pastel.

Harina común

15 minutos de más

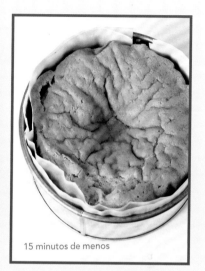
15 minutos de menos

Este pastel se ha horneado durante el tiempo correcto y a la temperatura adecuada, pero sin impulsor o con un impulsor caducado. Como resultado, queda plano y bajo, y la miga, muy densa. Es importante asegurarse de que todos los ingredientes son frescos, incluido el impulsor.

Este pastel se ha horneado 15 minutos de más a la temperatura correcta. Puede observar que la parte superior es oscura, y la corteza, gruesa. En el interior, la miga queda ligeramente seca, ya que el pastel ha perdido humedad durante el tiempo adicional de horneado.

Este pastel se ha horneado 15 minutos menos a la temperatura correcta. Su superficie es pálida y se ha hundido en el centro. No ha habido el tiempo suficiente para que el almidón y la proteína desarrollasen sus funciones para estabilizar y soportar el pastel.

Horno demasiado frío

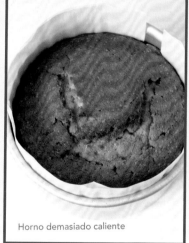
Horno demasiado caliente

Este pastel se ha horneado durante el tiempo indicado, pero en un horno a una temperatura 20 °C inferior a lo establecido. El resultado es un pastel anémico que se hunde en el centro, donde aún está crudo.

Este pastel se ha horneado durante el tiempo indicado, pero en un horno 20 °C más caliente de lo establecido. Su corteza es muy gruesa y oscura, y queda bastante bajo. La proteína, el almidón y el impulsor se han visto forzados a trabajar en exceso y demasiado rápido, y ello no ha favorecido que suba el pastel.

« Resulta esencial mantener el horno a la temperatura correcta y hornear el pastel durante el tiempo indicado ».

PASTEL CELESTIAL DE VAINILLA

Este pastel se convertirá en el pastel de vainilla definitivo de su recetario. Es un pastel por el que mataría y que nunca deja de impresionar cuando lo servimos en la Little Venice Cake Company. El secreto está en la calidad de los ingredientes y en el énfasis que se pone en el sabor con la pasta de vainilla. Como resultado se obtiene un pastel de vainilla que casi literalmente alimenta el alma. ¡El alimento de los dioses!

☀ MÉTODO CREMOSO

Para un pastel redondo de 20 cm
(*véase* pág. 82 para otros tamaños)

INGREDIENTES

300 g de mantequilla blanda

300 g de azúcar blanquilla dorada

6 huevos grandes batidos

420 g de harina preparada (con impulsor)

6 cucharadas de leche fresca

3 cucharadas de pasta de vainilla

PARA EL ALMÍBAR

150 ml de agua

115 g de azúcar blanquilla dorada

2 cucharadas de pasta de vainilla

Precaliente el horno a 160 °C. Forre un molde redondo de 20 cm con papel sulfurizado.

PARA PREPARAR EL PASTEL

Utilice los ingredientes detallados abajo para preparar el pastel siguiendo el método cremoso de las páginas 34-37. Añada la leche y la pasta de vainilla después de incorporar la harina. Introduzca la mezcla en el horno precalentado y hornee durante 1 1/2 horas.

PARA PREPARAR EL ALMÍBAR

Muchos pasteles quedan mejor si se impregnan con un delicioso almíbar al extraerlos del horno. Esto contribuye a mantenerlos esponjosos y darles sabor.

Vierta el agua, el azúcar blanquilla dorada y la pasta de vainilla en un cazo. Caliente suavemente hasta que el azúcar se disuelva, sin dejar de remover, y retire el cazo del fuego.

Utilice una manopla para sacar con cuidado el pastel del horno y colóquelo sobre una rejilla para enfriarlo. Compruebe que está hecho

insertando un palillo en el centro; si este sale limpio, el pastel ya está listo para inyectarle el almíbar. Utilice un palillo, una broqueta metálica limpia o un palillo de cóctel para hacer pequeños agujeros en toda la superficie del pastel; asegúrese de llegar hasta el fondo; de esta manera, el almíbar impregnará todo el pastel y no solo la parte superior.

Vierta despacio y de forma constante el almíbar sobre el pastel, ya sea directamente desde el cazo o con una cuchara. Deje que se enfríe en el molde para que absorba todo el almíbar.

Conservación: Este pastel se conserva durante cinco días, y es perfecto si se abre y rellena con crema de mantequilla como base de numerosos pasteles festivos.

VARIANTES

1 Pastel de limón: sustituya 2 cucharadas de la pasta de vainilla por la ralladura de 4 limones. Para el almíbar, utilice 150 ml de zumo fresco de limón colado en lugar del agua y omita la pasta de vainilla. No es necesario calentar este almíbar, ya que el ácido del zumo de limón disolverá el azúcar.

2 Pastel de naranja: añada la ralladura de 2 naranjas grandes y 2 cucharaditas de esencia de naranja al pastel. Agregue 2 cucharaditas de esencia de naranja al almíbar.

3 Pastel de café: añada 1 cucharada de esencia natural de café o 2 chorros de expreso fuerte frío (unos 80 ml de líquido) y reduzca la leche a 3 cucharadas. Para el almíbar, sustituya 75 ml del agua por un chorro de expreso.

No impregne el pastel con un exceso de almíbar. Este debería quedar absorbido en 1 minuto, y la parte superior no tendría que empaparse. Guarde el almíbar sobrante para recubrir la superficie cortada de las porciones de pastel con un pincel de pastelería.

«Intente utilizar azúcares distintos en la base del molde, como un azúcar moreno ligero para obtener un caramelo más exquisito».

Para hacer 4 pasteles
pequeños de 10 cm
o 1 pastel grande
de 20 cm de diámetro

PARA LA CUBIERTA
(BASE DEL MOLDE)

55 g de mantequilla
derretida

80 g de azúcar demerara

80 g de azúcar blanquilla
dorada

1 piña fresca mediana,
pelada, sin corazón
y cortada en rodajas
de 1 cm de grosor
aproximadamente

PARA EL PASTEL

115 g de mantequilla
blanda

200 g de azúcar blanquilla
dorada

1 cucharada de pasta
de vainilla

2 huevos grandes con
las claras separadas
de las yemas

195 g de harina

2 cucharaditas de levadura
en polvo

120 ml de leche
semidesnatada

¼ de cucharadita de
crémor tártaro

Precaliente el horno a
180 °C . Forre 4 moldes
redondos de 10 cm
o uno redondo de 20 cm
con papel sulfurizado.

PASTEL DE PIÑA INVERTIDO

Ha sido un placer reinventar este pastel clásico, que resulta que es el favorito de mi marido. La piña fresca adquiere un maravilloso tono dorado y un intenso sabor caramelizado durante el horneado, que transforma completamente el pastel. Utilice distintos tipos de azúcar en la base del molde, como azúcar moreno claro, para obtener una exquisita salsa de caramelo en lugar de una textura crujiente.

PARA PREPARAR LA COBERTURA

Derrita la mantequilla y repártala con una cuchara entre los moldes forrados. Con un movimiento de vaivén, distribuya la mantequilla hasta que cubra la base de manera uniforme.

Mezcle los azúcares en un cuenco pequeño y utilice una cuchara para espolvorearlos de manera uniforme sobre la mantequilla en todos los moldes.

Con un cuchillo afilado o un cortador circular de 10 cm, recorte 4 discos de piña a partir de cada rodaja de 1 cm. Retire el corazón de cada círculo con un cortador más pequeño o un cuchillo. Coloque un anillo de piña en la base de cada molde. (O si está utilizando un molde más grande, reparta los aros de piña sobre la base del molde).

«A veces añado jengibre rallado a la masa del pastel para darle un toque adicional».

PARA PREPARAR EL PASTEL

Bata la mantequilla y el azúcar juntos siguiendo las instrucciones de la página 34.

Mezcle la vainilla con las yemas de huevo en una jarra y añádalo lentamente al cuenco mientras continúa mezclando a gran velocidad.

Introduzca la harina y la levadura en polvo tamizadas en el cuenco. Con una cuchara o una espátula metálica, incorpore la harina con cuidado. Añada la leche.

Bata las claras de huevo en un cuenco limpio con el crémor tártaro hasta que se formen picos blandos. Incorpórelo a la masa del pastel en dos tandas.

Vierta con cuidado la masa en los moldes sobre la piña. Hornee durante 40-45 minutos o hasta que el pastel adquiera un tono dorado; cuando inserte un palillo en el centro, debe salir limpio.

Deje enfriar el pastel unos 10 minutos en el molde. A continuación, vuélquelo sobre un plato. Sírvalo caliente con nata recién batida o crema de vainilla.

Conservación: Es mejor comerlo el mismo día.

PASTEL DE CALABACÍN Y PACANAS

En los pasteles, las hortalizas aportan esponjosidad, además de nutrientes, sabor, textura y color. Este pastel en forma de pan es deliciosamente mullido y tiene el aroma de las nueces; puede añadirle un toque especiado de canela y unas jugosas sultanas. En mi opinión, es ideal para el desayuno.

☀ MÉTODO CREMOSO

Para un pastel de 1 kg

INGREDIENTES

- 200 g de mantequilla blanda
- 200 g de azúcar blanquilla dorada
- 2 huevos medianos
- 215 g de calabacines
- 200 g de harina
- una pizca de sal marina
- ½ cucharadita de levadura en polvo
- 1 cucharadita de canela molida
- 60 g de pacanas picadas
- 80 g de sultanas
- 20 g de azúcar demerara

Precaliente el horno a 180 °C. Engrase y forre la base y los lados de un molde de pan de 1 kg con papel sulfurizado.

Bata la mantequilla con el azúcar siguiendo las instrucciones de la página 34.

Bata los huevos en una jarra y añádalos lentamente al cuenco mientras continúa mezclando a alta velocidad hasta obtener una mezcla estable y aireada.

Ralle los calabacines. Exprímalos con las manos y añádalos a la mezcla anterior. Es esencial exprimirlos bien para eliminar el exceso de humedad y concentrar el sabor. Si toda esta humedad quedara en el pastel, este resultaría demasiado blando.

En un cuenco aparte, tamice juntas la harina, la sal, la levadura en polvo y la canela, e incorpore esta mezcla suavemente a la masa. Añada las pacanas y las sultanas.

Vierta la mezcla con una cuchara en el molde preparado y espolvoree la superficie con azúcar demerara.

Hornee durante 1 hora o hasta que el pastel quede dorado y firme al tacto.

Déjelo enfriar en el molde colocado sobre una rejilla antes de volcarlo sobre esta. Sírvalo en porciones gruesas cortadas con un cuchillo de sierra.

Conservación: Se conserva durante 7 días en un recipiente hermético y envuelto en papel sulfurizado.

Nota: Para asegurarse de que las sultanas queden suculentas, remójelas en zumo de naranja durante 1 o 2 horas para que se hidraten antes de hornear.

« Resulta esencial exprimir los calabacines para eliminar el exceso de humedad y concentrar el sabor ».

2 Método de batido

Los pasteles batidos son muy ligeros y esponjosos. Contienen muy poca o ninguna grasa y a menudo se acompañan de rellenos con una base de crema de leche batida o mantequilla para añadir sabor y palatabilidad. Debido a su bajo contenido de grasa, no se conservan mucho tiempo, por lo que deberían consumirse como mucho en dos días. Muchos pasteles enrollados se preparan con este método: su apariencia resulta muy atractiva y constituye un maravilloso motivo central para cualquier ocasión especial.

Para un pastel redondo de 23 cm

INGREDIENTES

4 huevos medianos
125 g de azúcar blanquilla dorada
25 g de mantequilla derretida
125 g de harina

Precaliente el horno a 180 °C. Forre la base de un molde desmontable de 23 cm con papel de horno sulfurizado.

Ponga los huevos y el azúcar en un cuenco de cristal grande sobre un cazo grande lleno con agua unos 2,5 cm. Caliéntelo hasta que el agua hierva ligeramente. Bata con una batidora eléctrica manual mientras la mezcla se calienta desde la parte inferior y continúe batiendo a velocidad alta durante unos 10 minutos, hasta que la mezcla quede aireada, pálida y voluminosa.

El calor reforzará el proceso de batido y calentará y estabilizará los huevos durante la aireación. La mezcla debería quedar blanda y esponjosa, y formar una «cinta» una vez que estuviese aireada del todo.

Este método consiste en batir juntos los huevos y el azúcar sobre una fuente de calor moderado, donde se incorporan posteriormente, antes de hornear, la mantequilla derretida y la harina.

«Un sabayón se forma batiendo juntos los huevos y el azúcar sobre una fuente de calor».

✖ Lo que no debe hacer

Si los huevos y el azúcar no están
lo bastante batidos al punto de cinta,
la mezcla no aguantará la incorporación
en suspensión de la mantequilla y la
harina. Quedará entonces muy líquida
y habrá que verterla en el molde.
El pastel resultante quedará denso
y pegajoso, y costará hornearlo y
manipularlo adecuadamente al carecer
del aire que le otorga una textura
esponjosa.

Vierta la mantequilla derretida de forma
continua en forma de hilo fino alrededor del
borde exterior del cuenco para evitar romper
las burbujas de aire. Tamice la harina sobre
la superficie de la masa para eliminar los
grumos y darle una aireación adicional.
Con una cuchara o una espátula metálica,
introduzca suavemente la mantequilla y la
harina a la mezcla batida hasta que queden
incorporadas y la masa resulte brillante
y aterciopelada. Ahora la mezcla está lista
para ser transferida al molde preparado.
Introdúzcalo en el horno precalentado
y hornee durante 25-30 minutos.

BRAZO DE GITANO DE CAFÉ

y avellana con caramelo salado y praliné crujiente

Este es un pastel especial para adultos, pues lleva café exprés, avellanas tostadas y un praliné crujiente y caramelizado hecho en casa. Las texturas y los sabores son espectaculares, y puede servirlo con un exprés para formar una combinación deliciosa.

☀ MÉTODO DE BATIDO

Para un brazo de gitano de 23 cm (8 porciones)

PARA LA PLANCHA

4 huevos grandes

110 g de azúcar blanquilla dorada y un poco más para espolvorear

55 g de mantequilla derretida y enfriada

1 chorrito (2 ½ cucharadas) de café exprés, frío; como alternativa, disuelva 2 cucharaditas de esencia de café en 40 ml (2 ½ cucharadas) de agua

115 g de harina

50 g de avellanas tostadas picadas (*véase* el consejo)

PARA EL RELLENO

½ cantidad de crema de mantequilla preparada con azúcar lustre sin refinar (*véase* pág. 104)

3 cucharadas de caramelo salado (*véase* pág. 92)

3 cucharadas de praliné triturado (*véase* pág. 96) y un poco más para decorar

Precaliente el horno a 190 °C. Forre una placa para brazo de gitano de 2,5 x 33 cm con papel sulfurizado.

PARA PREPARAR LA PLANCHA

Prepare la masa con los huevos, el azúcar, la mantequilla, el café exprés y la harina siguiendo las instrucciones de las páginas 50-51.

Vierta la masa en el molde preparado para brazo de gitano nivelándola en las esquinas con el reverso de una cuchara. Espolvoree sobre la superficie las avellanas tostadas molidas.

Introduzca el molde en el horno precalentado y hornee durante 15-20 minutos, o hasta que la masa haya subido totalmente y la superficie recupere la forma cuando se presione.

Disponga sobre la superficie de trabajo una hoja de papel sulfurizado encima de un paño de cocina limpio y húmedo, y espolvoree un poco de azúcar blanquilla.

En cuanto la masa esté horneada, sáquela del horno y vuélquela sobre el papel. Retire el papel con cuidado. Consulte la página 31 para más información.

PARA ENROLLAR LA PLANCHA

Enrolle la plancha a partir del borde más corto y de manera que el papel de cocina quede dentro del rollo. Envuelva el rollo con el paño de cocina limpio y húmedo y deje que se enfríe.

Desenrolle la plancha y cubra toda su superficie con crema de mantequilla.

Rellene una manga pastelera pequeña con el caramelo salado, corte la punta con una tijera afilada y distribuya el caramelo salado en forma de chorro fino sobre la superficie de la crema de mantequilla. Reparta el praliné triturado por la superficie.

Enrolle la plancha por el lado más corto y retire el papel. Transfiera el brazo de gitano a una fuente para servirlo y decórelo con praliné adicional.

Conservación: El brazo de gitano sobrante se puede conservar hasta 24 horas en la nevera, pero sáquelo 30 minutos antes de servirlo para que los aromas se desarrollen plenamente.

« *En ocasiones utilizo mascarpone en lugar de crema de mantequilla para crear una versión menos dulce de este brazo de gitano* »

Para tostar las avellanas, colóquelas en una placa de horno gruesa y tuéstelas en el horno precalentado a 190 °C durante 10-12 minutos. Transfiéralas a un paño de cocina limpio y frótelas para eliminar la piel. Deje enfriar.

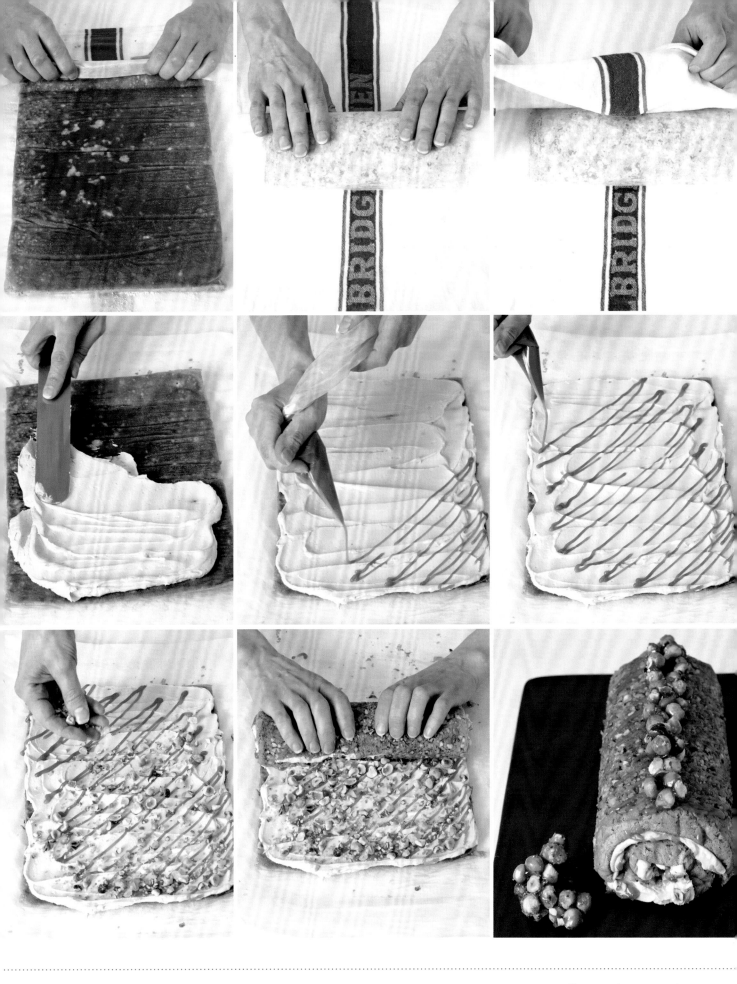

GENOVESA DE CHOCOLATE Y CEREZA

Este pastel combina el clásico brazo de gitano de chocolate muy ligero con crema de leche batida y guindas impregnadas en *kirsch*. Su aspecto es impresionante, pero resulta muy fácil de hacer. Lo he decorado con cerezas frescas doradas y hojas de nata montada formadas con la manga pastelera, a modo de variante de la típica «guinda del pastel».

☀ MÉTODO DE BATIDO

Para preparar un brazo de gitano de 23 cm
(8 porciones)

INGREDIENTES

4 huevos grandes

110 g de azúcar blanquilla dorada

55 g de mantequilla derretida y enfriada

85 g de harina

30 g de polvo de cacao y 1 cucharada adicional para espolvorear

390 g (1 frasco) de guindas en conserva (250 g peso neto)

2 cucharadas de *kirsch*

300 ml de crema de leche espesa (con 38-48 % de materia grasa)

6-8 cerezas frescas

3 hojas de pan de oro comestible

Precaliente el horno a 190 °C . Forre una placa de brazo de gitano de 22,5 x 33 cm con papel sulfurizado.

PARA LA PLANCHA

Prepare la masa con los huevos, el azúcar, la mantequilla, la harina y el cacao en polvo siguiendo el método de batido de las páginas 50-51.

Vuelque la masa en el molde nivelándola en las esquinas con la ayuda de una cuchara. Hornéela durante 15-20 minutos o hasta que haya subido y la superficie recupere su forma cuando se presione un poco.

Disponga sobre la superficie de trabajo una hoja de papel sulfurizado encima de un paño de cocina húmedo y espolvoree ligeramente con cacao en polvo.

En cuanto la masa esté horneada, sáquela del horno y vuélquela sobre el papel espolvoreado. Retire el papel (*véase* pág. 31). Enrolle la plancha por el borde corto, manteniendo el papel en el rollo. Envuélvala con el trapo de cocina limpio y húmedo y déjela enfriar.

Ponga las cerezas escurridas en un cuenco, cúbralas con el *kirsch* y déjelas macerar.

PARA ENROLLAR LA PLANCHA

Una vez que la plancha esté lista para rellenarla, bata la crema de leche. Llene la manga pastelera grande con la boquilla para formar hojas (n.º 69) con 3 cucharadas de la crema batida y reserve.

Desenrolle la plancha y distribuya el resto de la crema batida sobre la superficie. Esparza las cerezas, enrolle la plancha y transfiérala a una fuente para servir.

Con un pincel, humedezca la superficie de las cerezas frescas con agua y aplique el pan de oro sobre estas con otro pincel limpio.

Dosifique una fila de hojas de nata a lo largo del brazo de gitano y decórelo con las cerezas frescas doradas.

Este pastel se debe servir y consumir en las cuatro horas siguientes.

Conservación: Guarde el brazo de gitano sobrante en la nevera hasta 24 horas, pero sáquelo 30 minutos antes de servirlo para que los aromas se desarrollen en su totalidad.

Utilice tantas cerezas, o tan pocas, dentro del pastel como quiera. Reduzca a puré las restantes con una batidora manual, añadiendo 1 cucharada de *kirsch* y algo del almíbar reservado para preparar una salsa para acompañar el pastel.

Para un pastel redondo
de 20 cm

INGREDIENTES

3 naranjas navel (unos
280 g), 2 de ellas
cortadas en trozos
grandes y 1 para
la ralladura

5 huevos medianos,
claras separadas
de las yemas

200 g de azúcar blanquilla
dorada

225 g de almendras
molidas

1 cucharadita de esencia
de naranja

PARA RECUBRIR

½ cantidad de *ganache*
de chocolate negro
(*véanse* págs. 100-101)
con 1 cucharada
de esencia natural de
naranja añadida

2 cucharadas
de confitura de
albaricoque tamizada
y caliente

300 g de mazapán de
almendra (mínimo
35 % de almendra
molida)

colorante dorado
comestible en polvo
para decorar

Precaliente el horno a
180 °C. Forre un molde
redondo de 20 cm
con papel de horno
antiadherente.

PASTEL DE NARANJA Y ALMENDRA

Este pastel sin gluten tiene un intenso sabor a mermelada de naranja, por lo que he decidido recubrirlo con una capa de mazapán de almendra y *ganache* de chocolate a la naranja.

Ponga las naranjas troceadas (sin pepitas, pero con piel) en un cazo. Añada 1 cucharada de agua, tape y cocínelas durante 30 minutos, hasta que queden blandas y hayan absorbido el agua. Déjelas enfriar. Triture las naranjas enteras hasta formar una pasta lisa y espesa.

En un cuenco aparte, bata las yemas de huevo con la mitad del azúcar hasta que la mezcla se espese y adquiera un tono pálido. Añada la pasta de naranja batiendo con cuidado y, a continuación, suavemente, las almendras molidas. Remueva para añadir la esencia y la ralladura de naranja.

Ponga las claras de huevo en un cuenco grande y bata hasta que formen picos blandos. Sin dejar de batir a velocidad alta, añada el azúcar restante de forma gradual, hasta obtener un merengue brillante. Agregue, removiendo, 2 cucharadas de merengue a la masa para aflojar la mezcla; a continuación, incorpore el merengue restante hasta que la mezcla quede uniforme.

Vierta la masa en el molde y hornee 50 minutos. Compruebe la cocción después de 20 minutos; si la masa se dora demasiado, cúbrala con papel sulfurizado. Deje que el pastel se enfríe en el molde antes de desmoldar.

Coloque el pastel al revés sobre una base para pasteles. Con un cuchillo paleta, recubra la parte superior y los lados con una capa fina de la mitad de la *ganache* de chocolate negro y naranja (*véase* pág. 107). La consistencia de la *ganache* debería permitir que se extendiese bien. Meta el pastel en el congelador durante 10 minutos para que adquiera consistencia mientras calienta la confitura en un cazo pequeño.

Saque el pastel del congelador y pincélelo con la confitura de albaricoque. Amase y extienda el mazapán formando un círculo lo bastante grande para recubrir la parte superior y los lados del pastel (*véanse* págs. 136-143). La lámina de mazapán debería tener unos 3 mm de grosor. Recorte el sobrante y utilice los alisadores para lograr una superficie uniforme.

Coloque el pastel sobre una rejilla. Caliente la *ganache* restante hasta que su consistencia sea líquida; repártala con un cucharón sobre la superficie del pastel y extiéndala por los lados (*véase* pág. 111). Golpee con suavidad la rejilla para eliminar la *ganache* que sobre. Levante el pastel y retire el exceso de la parte inferior. Con una paleta acodada de 10 cm alise la *ganache* de los lados dibujando unas rayas. Espolvoree el pastel con colorante dorado.

Conservación: Guarde el paste en un recipiente hermético y en un lugar fresco y seco; consúmalo antes de tres días.

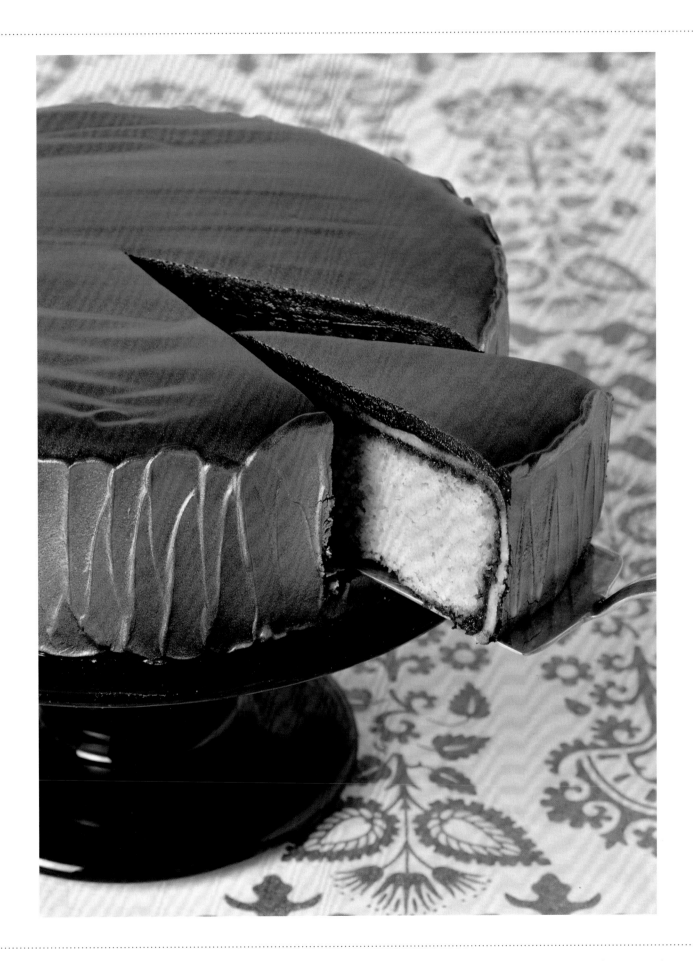

3 | Método de masa y espuma

Los pasteles preparados con aceite en lugar de mantequilla pueden enfriarse con éxito, a la vez que mantienen la humedad; en cambio, la mantequilla o las grasas sólidas se solidifican y endurecen en la nevera, lo que puede proporcionar una textura seca a los pasteles. Además, si se elaboran con el método de masa y espuma resultan muy ligeros, y, debido a su cantidad relativamente elevada de grasa líquida, se conservan durante más tiempo que un pastel batido. Por otra parte, el sabor de la masa base suele ser bastante neutro y es ideal para incluir aromas adicionales como naranja y limón. También permite la adición de fruta fresca y cremas, que requieren refrigeración. Se trata de un método que consiste en mezclar e incorporar un merengue espumoso a la masa del pastel.

PARA PREPARAR LA MASA

Para un pastel de 23 cm (16 porciones)

INGREDIENTES

7 yemas de huevo grandes, separadas, y 2 claras de huevo grandes

120 ml de aceite de girasol

180 ml de leche entera

270 g de harina

2 ¼ cucharaditas de levadura en polvo

300 g de azúcar blanquilla

½ cucharadita de crémor tártaro

Precaliente el horno a 170 °C . Necesitará un molde en forma de anillo de 23 cm (1,8 l), sin forrar.

Ponga las yemas de huevo, el aceite y la leche en el cuenco limpio de una batidora de cocina. Bata los ingredientes líquidos a velocidad media unos 3 minutos o hasta que la masa esté lisa. En un cuenco aparte, mezcle la harina, la levadura en polvo y el azúcar. Viértalo todo en el cuenco con la masa de huevos y aceite. Bata todos los ingredientes juntos hasta que estén bien combinados, la masa quede lisa y no tenga grumos.

PARA PREPARAR LA ESPUMA

Cuando la espuma comienza a estabilizarse, puede añadir también pasta de vainilla para aportar un aroma adicional o cualquier otro aroma a su gusto (esencias, café, etc.).

Ponga las claras de huevo en un cuenco aparte bien limpio y seco, y compruebe que están a temperatura ambiente. Bátalas hasta que comiencen a espumar, y añada el crémor tártaro para reforzar la espuma. Cuando empiece a estabilizarse, añada pasta de vainilla u otro aromatizante.

«Es muy importante que el molde no esté forrado para que el pastel suba bien y literalmente escale por los lados del molde».

Cuando la espuma de clara de huevo alcance la fase de picos firmes, añada el azúcar cucharada a cucharada, batiendo bien entre adiciones. De esta manera se asegurará de que esté bien distribuido y el merengue quedará estable y brillante. La espuma estará lista cuando quede muy espesa, voluminosa y brillante una vez que se haya incorporado todo el azúcar.

CONSEJOS DE MICH

1 Esta receta difiere de un bizcocho de ángel, que se prepara a partir de clara de huevo, azúcar y harina, y no contiene grasas, si bien en ambos pasteles hay que utilizar un molde de anillo sin forrar para permitir que la masa del pastel suba y se adhiera a las paredes del molde mientras se hornea.

2 Resulta realmente importante permitir que el pastel se enfríe dentro del molde puesto al revés, suspendido sobre un cuenco o un recipiente similar, para permitir que el vapor se escape y el pastel no se ablande o hunda sobre sí mismo.

MEZCLAR LA MASA Y LA ESPUMA

Con una cuchara, mezcle una tercera parte de la espuma con la masa para aligerar la mezcla. Añada el segundo tercio de la espuma y aproveche una combinación de mezcla para homogeneizar la masa. Añada el tercio final de la espuma incorporándola con mucho cuidado con la ayuda de una espátula plana. La mezcla estará lista y podrá transferirla al molde cuando su textura sea sedosa, voluminosa y sin grumos. Introdúzcala en el horno precalentado y hornee durante 50 minutos.

«*Compruebe que el cuenco está limpio antes de batir las claras. Cualquier resto de grasa impedirá que los huevos alcancen su nivel de aireación máximo*»

Para un pastel redondo
de 25 cm

INGREDIENTES

175 g de harina

50 g de polenta

300 g de azúcar blanquilla
dorada

1 cucharada de levadura
en polvo

2 cucharadas de ralladura
de naranja recién rallada

6 huevos grandes, yemas
separadas de las claras,
y 1 clara de huevo
grande

½ cucharadita de crémor
tártaro

120 ml de aceite de girasol
(o de colza o de maíz)

180 ml de zumo de naranja
recién exprimido, colado

2 cucharaditas de pasta
de vainilla

1 cucharadita de esencia
de naranja

Azúcar vainillado y frutos
rojos frescos, para
decorar

Precaliente el horno
a 170 °C. Necesitará
un molde de anillo
de 25 cm sin engrasar.

PASTEL *CHIFFON* DE NARANJA

En este pastel destaca la naranja. Es delicado, esponjoso, ligero, muy aromático y se derrite en la boca. Sírvalo acompañado de fruta fresca y helado o sorbete. Se conserva bien y puede refrigerarse.

Ponga la harina, la polenta, 250 g de azúcar, la levadura en polvo y la ralladura de naranja en un cuenco y bata hasta que se mezclen los ingredientes.

Haga un hueco en el centro y añada las yemas de huevo, el aceite, el zumo de naranja, la pasta de vainilla y la esencia de naranja. Bata hasta obtener una masa lisa.

En un cuenco aparte, bata las claras de huevo hasta que comiencen a espumar. Añada el crémor tártaro y continúe batiendo hasta que se formen picos blandos.

Añada el azúcar restante a cucharadas, sin dejar de batir, hasta incorporarlo todo y que el merengue quede brillante y consistente. Introduzca la espuma de clara de huevo a la masa en tres tandas hasta que la mezcla esté completa.

Vierta la masa en el molde y hornee durante 55 minutos o hasta que esta haya subido,

quede dorada y al introducir un palillo en el centro salga limpio.

Coloque sobre la superficie de trabajo un cuenco de vidrio bocabajo. Invierta el pastel en el molde sobre el cuenco y déjelo enfriar.

Pase un cuchillo paleta alrededor de las paredes interiores del molde y saque el pastel con cuidado. Dispóngalo sobre un soporte para pasteles y espolvoréelo con una capa densa de azúcar lustre vainillado. Sírvalo con frutos rojos.

Conservación: Este pastel se conserva muy bien en la nevera hasta cinco días sin secarse.

Azúcar vainillado: Para preparar su propio azúcar, vierta un paquete de azúcar lustre en un frasco. Abra una vaina de vainilla con un cuchillo afilado y colóquela dentro del frasco. Ciérrelo y deje que el azúcar absorba el aroma de la vainilla.

✘ Lo que no debe hacer

Compruebe que las claras están bien batidas para que la espuma sea estable. Si añade las claras de huevo antes, el pastel quedará compacto y no subirá.

PASTEL DE REMOLACHA

Adoro los tonos granates de este pastel –un intenso color de remolacha moteado con las doradas sultanas y las grosellas–, que está lleno de sabor gracias a las avellanas tostadas y picadas, así como por las especias. Además, combina especialmente bien con el café de la mañana o el té de la tarde: es lo que yo denominaría un pastel para cualquier momento.

☀ MÉTODO DE MASA Y ESPUMA

Para un molde de rosca de 23 cm

INGREDIENTES

200 ml de aceite de cacahuete

250 g de azúcar blanquilla dorada

3 huevos medianos con las claras separadas de las yemas

3 cucharadas de leche

150 g de remolacha cruda, pelada y rallada

100 g de avellanas tostadas picadas (*véase* pág. 52)

100 g de mezcla de sultanas doradas y grosellas deshidratadas

200 g de harina

2 cucharaditas de levadura en polvo

½ cucharadita de jengibre molido

1 cucharadita de canela molida

1 cucharadita de nuez moscada recién rallada

½ cucharadita de crémor tártaro

Precaliente el horno a 190 °C. Rocíe abundantemente un molde de anillo con aerosol antiadherente (*véase* pág. 26).

Bata el aceite con el azúcar en un cuenco grande hasta que estén mezclados. Añada las yemas de huevo y la leche, y continúe batiendo hasta obtener una masa lisa. Incorpore la remolacha rallada, las nueces y las frutas.

En un cuenco aparte, mezcle la harina, la levadura en polvo y las especias. Añada la mezcla a la masa de pastel de remolacha.

Ponga las claras en un cuenco limpio y bata hasta que comiencen a espumar. Añada el crémor tártaro y continúe batiendo a velocidad máxima hasta que formen picos consistentes.

Incorpore la espuma de clara de huevo a la masa en tres tandas hasta obtener una mezcla lisa y uniforme.

Transfiera la masa al molde preparado y hornee durante 30-35 minutos o hasta que un palillo insertado en el centro salga limpio.

Saque el pastel del horno y colóquelo sobre una rejilla para que se enfríe. Pase un cuchillo por los bordes internos del pastel antes de volcarlo sobre una fuente para servir o un soporte para pasteles.

Conservación: Este pastel se conserva hasta siete días en la nevera envuelto en papel sulfurizado o de aluminio.

La remolacha es una fuente excelente de folatos y nitratos, que contribuyen a reducir la tensión arterial. Tiene un sabor maravillosamente terroso y aporta un color muy intenso.

4 El método de fase única

El método de fase única consiste en poner todos los ingredientes en un cuenco y batirlos con una batidora eléctrica durante 10 minutos, hasta que la masa quede lisa y homogénea. No se precisan fases adicionales de cremado, adición de huevo o incorporación de la harina para añadir aireación adicional, por lo que debe incluirse una mayor cantidad de levadura en polvo para asegurar que el pastel suba. Puede agregar leche para proporcionar una textura húmeda adicional. Es imprescindible que todos los ingredientes estén a temperatura ambiente, y aunque puede utilizar una margarina suave en lugar de mantequilla, el sabor no será el mismo. Este método es ideal para pasteleros novatos o para aquellos que no disponen de mucho tiempo.

Ponga los ingredientes medidos con precisión en el cuenco limpio de un robot de cocina. Compruebe que la levadura es fresca para asegurar su potencia. Comience batiendo a velocidad lenta para combinar los ingredientes y a continuación pase a velocidad máxima durante 10 minutos. La masa estará lista cuando blanquee y esté esponjosa. El volumen se incrementará, pero no tanto como en un pastel cremoso. Añada la leche necesaria para asegurar que la masa del pastel cae de la cuchara al sacudirla con un golpe seco. Vierta la masa en el molde preparado, introdúzcalo en el horno precalentado y hornee durante 1 hora.

Para un pastel redondo de 15 cm

INGREDIENTES

175 g de mantequilla

175 g de azúcar blanquilla dorada

3 huevos grandes

175 g de harina

2 cucharadas de leche

2 cucharaditas de levadura en polvo

2 cucharaditas de extracto de vainilla

Precaliente el horno a 160 °C. Forre un molde redondo de 15 cm con papel sulfurizado.

CONSEJOS DE MICH

1 Compruebe que todos los ingredientes están a temperatura ambiente y que son muy frescos.

2 Mida la cantidad de la levadura con precisión, ya que el pastel depende de esta para subir.

3 Añada pasta de vainilla, ralladura de cítricos, café, cacao o nueces tostadas para aportar sabor, esponjosidad y textura al pastel.

4 Compense la textura ligeramente más densa de este pastel abriéndolo y rellenándolo con una deliciosa confitura de bayas casera y crema Chantilly recién batida (*véase* pág. 93) o crema de mantequilla vainillada (véase pág. 104).

✖ Lo que no debe hacer

Si no bate lo suficiente la masa, la levadura
no se repartirá de manera uniforme. Esto
provocará que suba de un modo desigual.
Asimismo, una cantidad insuficiente de
levadura o su baja calidad impedirá que
el pastel suba de forma regular. El hecho
de batir la harina en el pastel hará que
se desarrolle el gluten, favoreciendo que se
vuelva más elástico. De esta manera, el pastel
resultará más consistente y de textura más
densa que un pastel cremoso, además de
presentar una corteza más gruesa.

PASTEL MARMOLADO

En esta receta, he dividido la masa para que la mitad lleve vainilla y la otra mitad, chocolate. El pastel marmolado siempre es uno de los favoritos en mi casa. Los remolinos de colores le aportan interés, y además, en este caso, está cubierto con un glaseado de café dulce. El método de fase única puede escalarse para pasteles más grandes o utilizarse en moldes con formas en pasteles temáticos.

☀ MÉTODO DE FASE ÚNICA

Para un pastel redondo de 15 cm

INGREDIENTES

- 115 g de mantequilla blanda
- 115 g de azúcar blanquilla dorada
- 2 huevos grandes
- 115 g de harina preparada con impulsor
- 1 cucharadita de levadura en polvo
- 40 ml (2 ½ cucharadas) de leche
- 1 cucharada de pasta de vainilla
- 20 g de cacao en polvo
- 1 cantidad de glaseado de chocolate (*véase pág. 118*)
- 40 g de avellanas tostadas picadas (*véase pág. 52*), para decorar

Precaliente el horno a 180 °C. Engrase abundantemente un molde para Kugelhopf con aerosol antiadherente (*véase pág. 26*).

Ponga la mantequilla ablandada, el azúcar, los huevos, la harina y la levadura en polvo en un cuenco con 2 cucharadas de leche. Bata lentamente al principio y después a gran velocidad durante 10 minutos, hasta que los ingredientes estén bien mezclados.

Reparta la masa en 2 cuencos. Incorpore la pasta de vainilla en uno de ellos hasta que quede uniforme y alisada.

Mezcle la leche restante con el cacao en polvo para formar una pasta y agréguela al segundo cuenco mezclando hasta que quede uniforme y lisa.

Llene el molde preparado alternando cucharadas de la mezcla de vainilla y chocolate hasta que esté lleno.

Con un palillo o cuchillo, dibuje remolinos en la masa del molde para crear un diseño marmolado; vaya con cuidado para no mezclar en exceso.

Introduzca el molde en un horno precalentado y hornee durante 45-50 minutos o hasta que la masa suba, quede dorada y al insertar un palillo en el centro salga limpio.

Transfiera el molde a una rejilla y deje enfriar el pastel en el molde durante 10 minutos antes de desmoldarlo.

Cuando el pastel esté frío, colóquelo en una fuente y rocíelo con glaseado de café. Decore con avellanas tostadas picadas.

Conservación: Guarde el pastel en un recipiente hermético a temperatura ambiente y consúmalo antes de dos días.

Variante: Como alternativa, puede hornear la masa en dos moldes redondos separados, uno de vainilla y uno de chocolate. Corte cada pastel en láminas horizontales y vuélvalo a montar con relleno de crema de mantequilla o de avellana y chocolate para crear un pastel damero.

PASTEL DE COCO

Este es un pastel maravillosamente cremoso aromatizado con coco, y es uno de mis favoritos. Se conserva bien y mejora aún más con la adición de crema de limón o crema de mantequilla a la lima. En esta ocasión, he decidido decorarlo con ralladura de coco fresco. Puede que sea difícil encontrar cocos frescos, y extraer las ralladuras también resulta complicado. Como alternativa, tueste coco deshidratado y espolvoréelo sobre la parte superior y los lados del pastel.

☀ MÉTODO DE FASE ÚNICA

Para un pastel redondo de 15 cm

INGREDIENTES

175 g de mantequilla blanda

175 g de azúcar blanquilla dorada

175 g de harina con impulsor

1 ½ cucharaditas de levadura en polvo

3 huevos grandes

2 cucharadas de crema de coco derretida

PARA DECORAR

1 cantidad de cobertura de crema de coco (véase pág. 93)

Ralladura de coco fresco, para decorar

Precaliente el horno a 180 °C. Forre un molde redondo de paredes altas de 15 cm de diámetro con papel sulfurizado.

Ponga todos los ingredientes, a excepción del coco, en un recipiente grande y mézclelos unos 5 minutos con una batidora eléctrica hasta que la masa quede lisa. Incorpore la crema de coco.

Vierta la mezcla en el molde preparado, introdúzcalo en el horno precalentado y hornee durante 50 minutos o hasta que al insertar un palillo en el centro salga limpio.

Transfiera el molde a una rejilla y deje enfriar el pastel en el molde durante 10 minutos antes de sacarlo.

Coloque el pastel sobre una fuente. Extienda la cobertura de crema de coco sobre la superficie y los lados del pastel con un cuchillo paleta y presione la ralladura de coco encima de la cobertura para que quede adherida de modo decorativo.

Conservación: Guarde el pastel en un recipiente hermético a temperatura ambiente y consúmalo antes de tres días.

«El coco aporta una cantidad significativa de grasa al pastel, lo que contribuye a mantenerlo esponjoso».

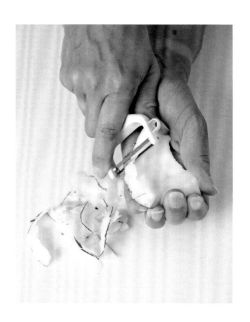

CONSEJOS DE MICH

1 Añada la ralladura de 2 limas a la masa del pastel para obtener una agradable variante de lima y coco. Prepare un almíbar con el zumo de las limas mezclado con 2 cucharadas de azúcar blanquilla dorada y remueva hasta que se disuelva. Pinche la superficie del pastel con un palillo en cuanto salga del horno y reparta el almíbar a cucharadas.

2 El coco es rico en vitamina B2, hierro y cinc. Tiene un sabor característico y puede incluirse como ingrediente principal en cualquier parte de este pastel.

5   El método derretido

Consiste en la combinación de una grasa líquida (mantequilla derretida o aceite) con azúcar, a lo que se incorporan, batiendo, los huevos. Los ingredientes secos se agregan luego y, por último, el pastel se enriquece con otros ingredientes adicionales como frutos frescos o secos, vegetales, nueces, especias o ralladuras.

INGREDIENTES

Véase la receta de pan de melaza y jengibre de la página opuesta para saber qué ingredientes específicos se necesitan. Los resultados están garantizados siempre y cuando los ingredientes se pesen con precisión, sean frescos o de la mejor calidad y el pastel se hornee a la temperatura correcta durante el tiempo indicado.

Los pasteles preparados mediante el método derretido son perfectos para los principiantes, pues garantizan unos buenos resultados y un pastel jugoso, ya que no requieren aireación física.

Ponga la mantequilla, el azúcar y la melaza en un cazo de fondo grueso a fuego moderado. Remueva hasta que la mantequilla esté totalmente derretida y retire el cazo del fuego para que se enfríe. Incorpore los huevos batidos. Mezcle las harinas, la avena y las especias y agréguelas a la preparación anterior para obtener una masa consistente.

Caliente la leche hasta que esté tibia, viértala sobre el bicarbonato sódico en un cuenco pequeño y añádala a la mezcla. Vierta la masa en el molde preparado y hornee durante 1 hora. Deje enfriar el molde antes de sacar el pastel y cortarlo en cuadrados.

PAN DE JENGIBRE Y MELAZA

No se deje engañar por el aspecto inocente de estos pastelillos. En realidad son una bomba. Cargados con ricos y oscuros azúcares y almíbares, son deliciosamente intensos y profundos, a lo que se suma la potencia del jengibre en conserva y las especias. La avena les aporta un cambio inesperado de textura y granulosidad, haciéndolos sustanciosos y apetecibles.

✳ MÉTODO DE FUSIÓN

Para preparar 40 cuadrados del tamaño de un bocado

INGREDIENTES

225 g de mantequilla

225 g de azúcar moreno blando

225 g de melaza negra

2 huevos grandes batidos

200 g de harina

120 g de harina integral

40 g de avena gruesa

2 cucharaditas de jengibre molido

2 cucharadas de jengibre en conserva picado

1 cucharada de canela molida

290 ml de leche

2 cucharaditas de bicarbonato sódico

Precaliente el horno a 150 °C. Forre un molde desmontable de 20 x 30 cm con papel sulfurizado.

Utilice los ingredientes de la lista para preparar la masa del pastel de jengibre siguiendo las instrucciones de la página opuesta.

Vierta la mezcla en el molde preparado, introdúzcalo en el horno precalentado y hornee durante 1 hora. Deje enfriar el pastel en el molde antes de sacarlo y cortarlo en cuadrados.

Conservación: Este pastel mejora con el almacenamiento. Debe conservarse en un recipiente hermético a temperatura ambiente para su consumo antes de siete días.

CONSEJOS DE MICH

1 Transfiera la masa a un cuenco limpio antes de añadir los huevos, para que la mezcla se enfríe más rápido. Coloque una hoja de papel sulfurizado sobre el pastel después de 45 minutos si se dora muy deprisa.

2 Para conseguir un auténtico sabor a jengibre, sustituya el jengibre molido por 1-2 cucharaditas de rizoma fresco de jengibre rallado y añádalas a la masa. Compruebe el sabor y agregue más hasta lograr la intensidad deseada.

Para preparar un pastel redondo
de 20 cm (*véase* también pág. 83
para otros tamaños)

PARA EL PASTEL

195 g de cerezas confitadas de color
   natural

195 g de sultanas

270 g de pasas

330 g de pasas de Corinto

80 g de ciruelas pasas cortadas
   a cuartos

80 g de dátiles Medjool deshuesados
   y cortados en cuartos

80 g de orejones de albaricoque
   cortados en cuartos

80 g de higos secos cortados
   en cuartos

175 ml de *brandy*

ralladura de 1 limón

ralladura de 1 naranja

195 g de mantequilla

200 g de azúcar mascabado

1 cucharada de melaza negra

4 huevos (medianos-grandes) batidos

½ cucharadita de extracto de vainilla

185 g de harina

½ cucharadita de cada una de las
   siguientes: canela molida, jengibre
   molido, nuez moscada molida
   y mezcla de especias

½ cucharadita de levadura en polvo

80 g de avellanas tostadas picadas

30 g de jengibre confitado

PARA EL MAZAPÁN
Y LA COBERTURA

200 g de mazapán

110 g de nueces de Brasil (unas 35)

110 g de cerezas cristalizadas de color
   natural (unas 25)

25 g de pacanas (unas 15)

10 g de avellanas (unas 10)

3 cucharadas de confitura
   de albaricoque

3 cucharadas de *brandy*

Precaliente el horno a 140 °C.
Forre un molde redondo de 20 cm
con una capa doble de papel
sulfurizado.

PASTEL DE FRUTOS SECOS

Un buen pastel de fruta debe formar parte esencial del repertorio de un pastelero. Se conserva durante mucho tiempo si se envuelve y almacena bien, y puede prepararse en cualquier tamaño o forma. Constituye la base perfecta para cualquier pastel de fiesta, para recubrir con mazapán y glaseado o para decorar con frutas confitadas y nueces.

Ponga las cerezas, las pasas y los frutos secos picados en un cuenco grande o en un recipiente con tapa y cúbralos con el *brandy* y las ralladuras de cítricos. Remueva bien y deje macerar durante al menos 24 horas y hasta un máximo de 72 horas.

Derrita la mantequilla, el azúcar y la melaza en un cazo de fondo grueso. Retírelo del fuego y déjelo enfriar ligeramente antes de añadir los huevos batidos y el extracto de vainilla. Mezcle.

En un cuenco aparte, tamice la harina, las especias y la levadura en polvo e incorpórelas a la masa azucarada. Mezcle bien. Incluya las frutas maceradas y cualquier almíbar remanente a la masa junto con las avellanas y el jengibre confitado. Mezcle bien.

Ayudándose con una cuchara, vierta la mitad de la mezcla en el molde y coloque encima un disco de mazapán cortado con la forma del molde y de unos 4 mm de grosor.

Cubra con la masa restante y nivele la superficie con el reverso de una cuchara. Disponga filas o círculos de nueces y cerezas encima antes de hornear durante 2 ¼ horas o hasta que un palillo insertado en el centro salga limpio. Transfiera el molde a una rejilla para enfriar.

Mientras tanto, prepare un glaseado de albaricoque y *brandy*. Ponga la confitura de albaricoque y el *brandy* en un cazo pequeño. Caliéntelos hasta que se disuelvan, queden lisos y comiencen a hervir. Pincele la superficie del pastel con este glaseado de albaricoque y *brandy* en cuanto salga del horno. El glaseado debería estar tibio, y el pastel, muy caliente.

Deje que el pastel se enfríe completamente antes de desmoldarlo.

Conservación: Envuelva el pastel con papel sulfurizado y de aluminio, y consérvelo a temperatura ambiente hasta seis meses.

CONSEJOS DE MICH

1 Hornee varios pasteles de fruta a la vez para aprovechar mejor el tiempo y los ingredientes.

2 Envuelva los pasteles con una capa doble de papel sulfurizado y otra doble de aluminio, al menos ocho semanas, para que maduren.

3 Los pasteles de fruta recién horneados se desmigan con facilidad. Deje que maduren y que las frutas se amalgamen para que pueda cortarlo en porciones de forma uniforme y hermosa.

Para un pastel redondo en forma de anillo de 23 cm

INGREDIENTES

250 ml de cerveza Guinness o *stout*

250 g de mantequilla

75 g de cacao en polvo, y un poco más para espolvorear

400 g de azúcar blanquilla dorada

142 ml de crema agria

2 huevos medianos

2 cucharaditas de extracto de vainilla

275 g de harina

2 ½ cucharaditas de bicarbonato sódico

100 g de pepitas de chocolate negro

30 g de avena

1 cantidad de cobertura de queso crema (*véase* pág. 93)

Precaliente el horno a 180 °C. Rocíe generosamente un molde de rosca de 23 cm con aerosol antiadherente (*véase* pág. 26).

PASTEL DE CHOCOLATE Y CERVEZA

Este pastel se prepara con *stout*, cacao en polvo y crema agria para que quede esponjoso y con un sabor a chocolate un poco más sutil que en un pastel con chocolate derretido real. Su textura es abierta, y su sabor, un poco amargo, con lo que resulta menos dulce.

Vierta la cerveza en un cazo de fondo grueso y añada la mantequilla. Caliente a fuego moderado hasta que la mantequilla esté derretida. Añada el cacao en polvo y el azúcar sin dejar de batir, y retire el cazo del fuego.

En un cuenco aparte, bata la crema agria con los huevos y el extracto de vainilla, y vierta la mezcla sobre la masa de cerveza.

Tamice la harina con el bicarbonato y añádala batiendo a la masa. Incorpore las pepitas de chocolate y la avena. Vierta la masa en el molde preparado y hornee durante 45-60 minutos o hasta que el pastel haya subido y al insertar un palillo en el centro salga limpio.

Transfiera el molde a una rejilla para enfriar y deje que el pastel se enfríe del todo antes de sacarlo y colocarlo en una fuente. Con un cuchillo paleta, extienda la cobertura de queso crema. Espolvoree la superficie con cacao en polvo y córtelo en porciones grandes para servir.

Conservación: Conserve hasta tres días el pastel sin la cobertura en un recipiente hermético. Una vez cubierto, es mejor consumirlo el mismo día o guardarlo en la nevera la víspera para consumirlo en las siguientes 48 horas (deje que alcance la temperatura ambiente antes de comérselo).

CONSEJO DE MICH

La cerveza *stout* es una fuente excelente de hierro y vitaminas del grupo B. Su característico sabor amargo combina bien con el cacao y queda equilibrado con la cobertura de queso crema. Para endulzar este pastel añada cerezas, pepitas de chocolate blanco o nueces tostadas a la masa antes de hornear. Agregue la ralladura de una naranja a la cobertura de queso crema para darle un toque cítrico.

✳ MÉTODO DERRETIDO

Para un molde de anillo de 23 cm

INGREDIENTES

850 g de boniatos

400 g de azúcar moreno claro

225 ml de aceite de girasol

4 huevos grandes

290 g de harina

1 cucharadita de levadura en polvo

1 cucharadita de bicarbonato sódico

½ cucharadita de sal

4 cucharaditas de canela molida

3 cucharaditas de jengibre molido

1 cucharadita de extracto de vainilla

1 cantidad de salsa de caramelo (*véase* pág. 92)

1 cantidad de crema de mantequilla, aunque reduciendo la cantidad de pasta de vainilla a 1 cucharada

75 g de jengibre cristalizado picado

Precaliente el horno a 160 °C. Rocíe un molde de rosca con aerosol antiadherente (*véase* pág. 26)

PASTEL DE BONIATO

Sabroso, nutritivo y denso, este pastel presenta un delicado sabor a boniato combinado con especias que le dan un toque delicioso. Me he decidido por envolverlo con una crema de mantequilla al caramelo, rociarlo con una salsa de caramelo y *brandy* y terminarlo con jengibre cristalizado picado. Para los que se preocupan por su salud, resulta igual de delicioso sin la cobertura.

Ponga los boniatos en una fuente de horno y hornéelos, según su tamaño, unos 45-60 minutos, hasta que estén tiernos (deben poderse atravesar fácilmente con un cuchillo cuando están hechos). Retírelos del horno y déjelos enfriar antes de pelarlos y triturarlos.

Coloque la pulpa en un cuenco grande y añada el azúcar y el aceite. Bata con una batidora eléctrica manual hasta que la masa quede lisa. Añada los huevos poco a poco, batiendo bien tras cada adición.

En un cuenco aparte, tamice la harina, la levadura, la sal y las especias. Incorpore a la masa y mezcle justo hasta que todo esté bien combinado y no queden grumos. Mezcle con la vainilla.

Transfiera la masa al molde preparado y hornee durante 60-65 minutos, o hasta que un palillo insertado en el centro salga limpio.

Coloque el pastel en una rejilla para enfriar. Pase un cuchillo pequeño por los bordes del pastel y déjelo enfriar 15 minutos antes de voltearlo y dejar que se enfríe por completo.

Transfiera el pastel frío a una fuente o a un soporte para pastel.

Añada 4 cucharadas de la salsa de caramelo a la crema de mantequilla en un cuenco. Cubra el pastel con la crema de caramelo con un cuchillo paleta.

Decore la base con el jengibre cristalizado y rocíe el pastel con la salsa de caramelo restante.

Conservación: Guarde el pastel en un recipiente hermético a temperatura ambiente y consúmalo antes de tres días.

CONSEJO DE MICH

Puede añadir una gran variedad de ingredientes a una masa base de grasa, azúcar, harina y huevos para crear pasteles con un sabor delicioso y texturas interesantes para cualquier ocasión. Las hortalizas de raíz, los cítricos, las pasas, los frutos secos, las especias y el chocolate son ingredientes que pueden incluirse en cualquier masa.

PASTELILLOS DE PLÁTANO Y PACANAS

Estos deliciosos pastelillos se hornean en moldes individuales para madalenas, de manera que quedan en porciones perfectas. Con un contenido relativamente bajo de grasa, su sabor reside en el plátano, y la textura, en las pacanas, las pasas y los arándanos. Además, resultan nutritivos y saciantes. Me gusta tenerlos a mano para tomar un segundo desayuno a media mañana, ya que, por supuesto, nunca es demasiado pronto para comer un pastel. También son ideales para una merienda en el campo o como almuerzo para llevar.

✳ MÉTODO DERRETIDO

Para 12 unidades

INGREDIENTES

500 g de plátanos maduros (unos 4 plátanos grandes)

75 g de mantequilla derretida

1 cucharadita de pasta de vainilla

1 cucharadita de ralladura de naranja

1 huevo batido

375 g de harina

125 g de azúcar blanquilla dorada

1 cucharadita de levadura en polvo

1 cucharadita de bicarbonato sódico

9 dátiles de Medjool sin hueso y picados

125 g de pacanas picadas

60 g de pasas sultanas o arándanos deshidratados (opcional)

Precaliente el horno a 180 °C. Disponga 12 moldes de papel en una placa para madalenas.

Aplaste los plátanos en un cuenco grande con la mantequilla derretida, la pasta de vainilla, la ralladura de naranja y el huevo batido. En un cuenco aparte, mezcle la harina, el azúcar y los impulsores.

Añada los dátiles picados, las pacanas y los frutos secos (estos son opcionales) a la harina con el azúcar y mezcle para que queden bien cubiertos. Vierta la mezcla de harina sobre la masa de plátano y combínelas hasta que estén bien mezcladas. Reparta la masa por igual entre los moldes.

Hornee durante 20 minutos o hasta que los pastelillos adquieran un color dorado. Déjelos enfriar durante 5 minutos antes de transferirlos a una rejilla para enfriar.

Conservación: Almacénelos en un recipiente hermético hasta siete días.

Nota: No guarde los plátanos en la nevera, ya que entonces sufrirán un «choque de frío», adquirirán un color negruzco y olerán mal, y no habrán tenido la oportunidad de madurar de forma natural.

«Esta receta es una manera ideal y rápida de aprovechar los plátanos muy maduros o ennegrecidos».

PASTEL DE CHIRIVÍA

Este pastel queda fantásticamente esponjoso, dulce y suculento, además de ser muy nutritivo y saciante. En esta ocasión he utilizado chirivías por su dulzor natural, junto con manzanas, nueces y jarabe de arce. El nombre puede resultar poco atractivo, pero le animo a probarlo. La cobertura de jarabe de arce y mascarpone es opcional. Además, resulta ideal para hornearlo en una placa y cortarlo en cuadrados para llevar a meriendas y almuerzos.

☀ MÉTODO DERRETIDO

Para un pastel redondo de 20 cm

INGREDIENTES

175 g de mantequilla sin sal

250 g de azúcar demerara

100 ml de jarabe de arce

3 huevos grandes

250 g de harina con levadura

2 cucharaditas de levadura en polvo

2 cucharaditas de mezcla de especias

150 g de chirivías peladas y ralladas

1 manzana mediana pelada y rallada

ralladura de 1 naranja pequeña y 2 cucharadas de zumo

50 g de nueces picadas gruesas

PARA LA COBERTURA DE MASCARPONE Y JARABE DE ARCE

250 g de mascarpone

3 cucharadas de jarabe de arce y un poco más para decorar

Precaliente el horno a 180 °C. Engrase y forre dos moldes de paredes bajas de 20 cm con papel sulfurizado.

Derrita la mantequilla, el azúcar y el jarabe de arce juntos en un cazo a fuego lento hasta que se disuelvan y quede una mezcla homogénea. Retire el cazo del fuego y déjelo enfriar ligeramente. Añada los huevos sin dejar de batir.

En un cuenco aparte, tamice la harina, la levadura en polvo y la mezcla de especias. Incorpórelas a la masa del pastel hasta que quede uniforme.

Añada la chirivía y la manzana ralladas, la ralladura de naranja y su zumo, así como las nueces, y mezcle todo bien hasta que quede homogéneo.

Reparta la mezcla entre los dos moldes preparados y hornee durante 25-30 minutos o hasta que el pastel adquiera un color dorado y la superficie vuelva a su posición original si se presiona ligeramente.

Transfiera los moldes a una rejilla para que se enfríen durante 5 minutos, antes de volcarlos para dejar que los pasteles se enfríen completamente.

Para lograr el mejor sabor, asegúrese de adquirir el auténtico jarabe de arce y no un sustituto aromatizado.

Prepare la cobertura justo antes de servir. Mezcle el jarabe de arce con el mascarpone.

Coloque uno de los pasteles en una fuente. Extienda la mitad de la cobertura de mascarpone sobre la base y coloque el otro pastel encima. Reparta la cobertura restante sobre la parte superior y rocíe con jarabe de arce al servir.

Conservación: Se conserva durante tres días en un recipiente hermético, preferiblemente en la nevera.

Variante: Sustituya la mitad de las chirivías por zanahoria rallada.

Tablas de conversión para pasteles

PASTEL CELESTIAL DE VAINILLA   (véase pág. 44)

INGREDIENTES	Redondo de 15 cm*	Cuadrado de 15 cm o dos redondos de 10 cn	Redondo de 20 cm	Cuadrado de 20 cm	Redondo de 25 cm	Cuadrado de 25 cm o redondo de 30 cm
Harina con levadura	210 g	280 g	420 g	560 g	630 g	840 g
Azúcar blanquilla dorada	150 g	200 g	300 g	400 g	450 g	600 g
Mantequilla	150 g	200 g	300 g	400 g	450 g	600 g
Huevos grandes de gallina campera	3	4	6	8	9	12
Leche fresca	3 cucharadas	4 cucharadas	6 cucharadas	8 cucharadas	9 cucharadas	12 cucharadas
Pasta de vainilla	1 ½ cucharaditas	2 cucharaditas	3 cucharaditas	4 cucharaditas	4 ½ cucharaditas	8 cucharaditas
PARA EL ALMÍBAR						
Agua	75 ml	100 ml	150 ml	200 ml	225 ml	350 ml
Azúcar blanquilla dorada	60 g	85 g	115 g	170 g	185 g	225 g
Pasta de vainilla	1 cucharada	1 ½ cucharadas	2 cucharadas	2 ½ cucharadas	3 cucharadas	3 ½ cucharadas
TIEMPO DE HORNEADO	1 h	1 h 15 min	1 h 30 min	1 h 40 min	1 h 45 min	1 h 50 min

* Las cantidades para un pastel redondo de 15 cm también pueden utilizarse para hacer dos pasteles de 10 cm que necesitarán un tiempo de horneado de 40 minutos.

PASTEL DE CHOCOLATE CREMOSO   (véanse págs. 38-41)

INGREDIENTES	Redondo de 15 cm*	Redondo de 20 cm o cuadrado de 15 cm	Redondo de 25 cm o cuadrado de 20 cm	Redondo de 30 cm o cuadrado de 25 cm
Chocolate negro (70 % sólidos de cacao) troceado y derretido	100 g	200 g	300 g	400 g
Mantequilla sin sal	125 g	250 g	375 g	500 g
Azúcar moreno claro	175 g	350 g	525 g	700 g
Huevos medianos de gallinas camperas	3	5	7	10
Pasta de vainilla	1 cucharadita	1 ½ cucharaditas	2 ½ cucharaditas	3 cucharaditas
Harina	70 g	140 g	210 g	280 g
TIEMPO DE HORNEADO	45 min	1 h	1 h 20 min	1 h 40 min

* Las cantidades para un pastel redondo de 15 cm también pueden utilizarse para hacer dos pasteles de 10 cm que necesitarán un tiempo de horneado de 30 minutos.

PASTEL DE FRUTAS (véase pág. 74)

INGREDIENTES	Redondo de 15 cm*	Cuadrado de 15 cm	Redondo de 20 cm	Cuadrado de 20 cm	Redondo de 25 cm	Cuadrado de 25 cm	Redondo de 30 cm	Cuadrado de 30 cm	Cuadrado de 35 cm
Cerezas confitadas partidas por la mitad	105 g	135 g	195 g	250 g	290 g	375 g	415 g	540 g	585 g
Sultanas	105 g	135 g	195 g	250 g	290 g	375 g	415 g	540 g	585 g
Pasas	150 g	195 g	270 g	350 g	290 g	525 g	585 g	760 g	815 g
Pasas de Corinto	185 g	235 g	330 g	425 g	495 g	637,5 g	710 g	925 g	990 g
Brandy	95 ml	125 ml	175 ml	225 ml	260 ml	335 ml	375 ml	485 ml	525 ml
Jengibre confitado	15 g	25 g	30 g	40 g	45 g	60 g	65 g	85 g	95 g
Ciruelas pasas en cuartos	45 g	55 g	80 g	100 g	115 g	150 g	195 g	215 g	235 g
Dátiles Medjool deshuesados y en cuartos	45 g	55 g	80 g	100 g	115 g	150 g	165 g	215 g	235 g
Orejones de albaricoque en cuartos	45 g	55 g	80 g	100 g	115 g	150 g	165 g	215 g	235 g
Higos secos en cuartos	45 g	55 g	80 g	100 g	115 g	150 g	165 g	215 g	235 g
Cáscara de limón	½	½	1	1	1	1½	2	2½	2½
Cáscara de naranja	½	½	1	1	1	1½	2	2½	2½
Azúcar mascabado	115 g	145 g	200 g	260 g	300 g	390 g	435 g	565 g	605 g
Harina	105 g	135 g	185 g	240 g	280 g	360 g	400 g	520 g	560 g
Levadura en polvo	½ cucharadita	½ cucharadita	½ cucharadita	½ cucharadita	½ cucharadita	1 cucharadita	1 cucharadita	1½ cucharadita	1½ cucharadita
Extracto de vainilla	¼ cucharadita	½ cucharadita	½ cucharadita	½ cucharadita	½ cucharadita	1 cucharadita	1 cucharadita	1½ cucharadita	1½ cucharadita
Canela molida	¼ cucharadita	½ cucharadita	½ cucharadita	½ cucharadita	½ cucharadita	1 cucharadita	1 cucharadita	1½ cucharadita	1½ cucharadita
Jengibre molido	¼ cucharadita	½ cucharadita	½ cucharadita	½ cucharadita	½ cucharadita	1 cucharadita	1 cucharadita	1½ cucharadita	1½ cucharadita
Nuez moscada molida	¼ cucharadita	½ cucharadita	½ cucharadita	½ cucharadita	½ cucharadita	1 cucharadita	1 cucharadita	1½ cucharadita	1½ cucharadita
Mezcla de especias	¼ cucharadita	½ cucharadita	½ cucharadita	½ cucharadita	½ cucharadita	1 cucharadita	1 cucharadita	1½ cucharadita	1½ cucharadita
Mantequilla sin sal	105 g	135 g	195 g	250 g	290 g	375 g	415 g	540 g	585 g
Huevos (medianos-grandes)	2-3 (115 g de peso)	3 (145 g de peso)	4 (200 g de peso)	5 (260 g de peso)	6 (315 g de peso)	7-8 (390 g de peso)	8-9 (435 g de peso)	11-12 (565 g de peso)	12 (605 g de peso)
Melaza negra	½ cucharada	½ cucharada	1 cucharada	1 cucharada	1 cucharada	1½ cucharada	1½ cucharada	2 cucharada	2½ cucharada
Avellanas tostadas picadas	45 g	50 g	80 g	100 g	115 g	150 g	165 g	215 g	235 g
TIEMPO DE HORNEADO	2 h	2 h	2½ h	2½ h	2½-3 h	2½-3 h	3-3½ h	3-3½ h	3½ h

* Las cantidades para un pastel redondo de 15 cm también pueden utilizarse para hacer dos pasteles de 10 cm que requerirán 1 hora y 20 minutos de cocción.

Lección 2

El montaje

* RELLENOS Y COBERTURAS
* RECUBRIR Y MONTAR

Rellenos y coberturas

Una vez que domine las técnicas básicas para hornear la base perfecta del pastel, el paso siguiente consiste en **enriquecerlos** con maravillosos rellenos y **coberturas**. En este capítulo he incluido **purés** de fruta, cremas de cítricos, **cremas** de mantequilla y *ganache*. Todos ellos aportan sabor, color, **textura** y **atractivo** a los pasteles. Vale la pena experimentar con las variantes de los pasteles y rellenos para descubrir las **combinaciones** que realmente le gusten.

1   Preparar un pastel para rellenar

Hay que dejar que los pasteles se enfríen del todo antes de abrirlos y rellenarlos para evitar que la mantequilla del relleno y de la cobertura se derrita. Utilice un cuchillo de sierra largo para cortar el pastel de manera uniforme y limpia.

Retire todo el papel y coloque el pastel sobre una superficie de trabajo limpia. Ponga una mano sobre él y sitúe un cuchillo paleta largo de sierra a la altura deseada. Al mismo tiempo que corta a través del pastel con un movimiento de vaivén, utilice la mano que ha puesto encima para ir girándolo. De esta manera se asegurará de cortar siempre a la misma altura mientras el pastel gira, lo que le ayudará a proteger los bordes y a dividirlo de manera uniforme. Coloque una tabla de trabajo acrílica fina entre ambas capas para retirar las dos mitades. Repita este proceso si su intención es elaborar varias capas más finas para un único pastel.

CONSEJO DE MICH

Utilice tablas de trabajo acrílicas para manipular y transportar los pasteles mientras trabaja.

2 Puré de frutas

Los purés de bayas frescas incorporados a una crema de mantequilla vainillada (*véase pág. 104*) constituyen una auténtica explosión de sabor, a la vez que aportan color a pasteles de sabores sencillos, como los de vainilla, limón, naranja o lima.

Para preparar 250 ml

INGREDIENTES

400 g de frambuesas frescas

100 g de azúcar blanquilla dorada

2 cucharadas de agua

2-3 cucharaditas de agua
   o esencia de rosas

Ponga todos los ingredientes, a excepción de la esencia o el agua de rosas, en un cazo de fondo grueso a fuego moderado. Remueva la fruta cuando comience a hervir y el azúcar se disuelva y continúe la cocción hasta que la fruta espese y se reduzca a una tercera parte. Este proceso puede requerir unos 20-25 minutos.

Transfiera la fruta a una jarra refractaria y con una batidora manual redúzcala a puré. Pásela a través de un tamiz fino dispuesto sobre un cuenco grande ayudándose con el reverso de una cuchara de madera, pero sin que pasen las semillas. El puré debe quedar lo bastante espeso como para recubrir el reverso de una espátula. Incorpórele agua o aceite de rosas al gusto.

Conservación: Se conserva en un recipiente hermético en la nevera hasta dos semanas. Puede servirse también con helado.

«El truco consiste en asegurarse de que la fruta se reduce para concentrar el sabor».

3 Crema de cítricos

Las cremas de cítricos –con limón, lima, naranja, fruta de la pasión fresca o una combinación de estas– son fantásticas tanto solas como mezcladas con cremas de mantequilla para rellenar pasteles y brazos de gitano. Además quedan muy bien inyectadas en *cupcakes* y *muffins* para aportar más sabor, textura y color.

CONSEJOS DE MICH

1 Es importante calentar la crema sobre un cazo de agua hirviendo a fuego lento para que los huevos se calienten y cocinen, y la crema quede estable a temperatura ambiente.

2 Es fundamental retirar el almíbar de mantequilla, limón y azúcar del fuego antes de añadir los huevos. Si la fuente de calor es directa, demasiado intensa o el almíbar de limón está muy caliente, los huevos cuajarán.

3 Batir bien los huevos antes de añadirlos. La albúmina coagula (cuaja) a una temperatura mucho más baja que la yema.

4 Mezcle siempre la crema cítrica con crema de mantequilla antes de rellenar un pastel que deba recubrirse con mazapán y glaseado. Así se estabiliza el relleno y el pastel.

Para preparar 400 g

INGREDIENTES

90 g de mantequilla en cubos
225 g de azúcar blanquilla dorada
zumo de 3 limones medianos filtrado
4 huevos medianos

Variante: Crema de lima: utilice 150 g de mantequilla, azúcar (mismas medidas que arriba), ralladura y zumo de 3 limas, 2 huevos grandes y 2 yemas, y siga el mismo proceso.

Ponga la mantequilla, el azúcar y el zumo de limón filtrado en un cuenco grande colocado sobre un cazo con agua hirviendo a fuego lento. Caliente hasta que la mantequilla se haya derretido y el azúcar esté disuelto, sin dejar de remover. Retire el cuenco de la fuente de calor. En otro cuenco aparte, mezcle los huevos con una batidora manual eléctrica hasta que queden lisos y viértalos sobre la mezcla de limón sin dejar de remover.

Vuelva a poner el cuenco sobre el cazo, y este, sobre la fuente de calor, y continúe calentando la crema, removiendo con una cuchara de madera hasta que espese, lo que requerirá unos 20 minutos. De esta manera el huevo se calienta despacio, emulsificando y estabilizando la crema de limón.

Conservación: Guárdela hasta cinco días en un cuenco recubierto con película de plástico y dentro de la nevera.
Nota: Utilice limones sin tratar siempre que pueda conseguirlos.

PASTEL DE CREMA DE LIMÓN

Para un pastel redondo
de 20 cm

INGREDIENTES

300 g de mantequilla
blanda

300 g de azúcar blanquilla
dorada

6 huevos grandes batidos

430 g de harina
con levadura

6 cucharadas de leche
fresca

1 cucharada de pasta
de vainilla

ralladura de 4 limones
(reserve el zumo
para el almíbar)

PARA EL ALMÍBAR

150 ml de zumo de
limón recién exprimido
y filtrado

115 g de azúcar blanquilla
dorada

PARA DECORAR

6 cucharadas de crema
de cítricos (*véase*
pág. anterior)

1 cucharada de azúcar
vainillado

Precaliente el horno a
160 °C. Engrase y forre un
molde redondo de 20 cm.

El aroma de este pastel de limón nunca deja de impresionar. Se trata de un sustancioso pastel de mantequilla, espolvoreado con ralladura fresca de limón, impregnado con almíbar de limón y relleno con una doble capa de crema de limón casera.

Bata la mantequilla y el azúcar siguiendo las instrucciones de las páginas 34-37. Vierta los huevos batidos con la mantequilla y el azúcar desde una jarra, en forma de hilo fino y continuo, con la batidora eléctrica a velocidad alta. Este proceso requerirá unos 20 minutos. Cuando haya terminado de batir, tamice la harina e incorpórela con cuidado con una cuchara metálica o una espátula de hoja plana. Incorpore la leche, la pasta de vainilla y la ralladura de limón.

Transfiera la mezcla con cuidado al molde preparado y con el reverso de la espátula alise la superficie de la masa. Hornee durante 1 ½ horas, o hasta que la masa adquiera un color dorado y al insertar un palillo en el centro salga limpio.

En cuanto introduzca el molde en el horno, prepare el almíbar para que el zumo de limón tenga tiempo de disolver el azúcar. Ponga los ingredientes en una jarra y remuévalos de vez en cuando hasta que el azúcar se disuelva.

Perfore el pastel con una broqueta en cuanto salga del horno y cúbralo con el almíbar. Deje que se enfríe en el molde antes de volcarlo y cortarlo en tres capas siguiendo las instrucciones de la página 88.

Coloque la capa base sobre una fuente o un soporte para pasteles y con un cuchillo paleta de hoja plana extienda la crema de cítricos. Comience por el centro y trabaje hacia los bordes. De esta manera la repartirá de manera uniforme y evitará que se derrame por los bordes.

Ponga encima la siguiente capa y repita el proceso hasta que el pastel esté montado con las capas de relleno. Espolvoree la parte superior con azúcar vainillado.

Conservación: Guárdelo en un recipiente hermético a temperatura ambiente y consúmalo antes de dos días.

CONSEJO DE MICH

Cubierto con mazapán y pasta de azúcar, es ideal para una fiesta. Recorte la «cúpula» del pastel y póngalo al revés antes de cortarlo en capas. Mezcle la crema de cítricos con la crema de mantequilla antes de rellenarlo.

4 Salsas

Las salsas caseras aportan un sabor maravilloso a los pasteles. Inclúyalas en las cremas de mantequilla, coberturas de queso crema, otras cremas o, simplemente, viértalas sobre los pasteles. Añaden un dulzor extraordinario y contribuyen a mantener la esponjosidad.

PARA EL CARAMELO SALADO

Para preparar unos 500 g

1 lata de 397 g de leche condensada azucarada

175 g de mantequilla

75 g de azúcar blanquilla dorada

4 cucharadas de jarabe melaza dorado

1-2 cucharaditas de sal marina

Utilizada en brazo de café y avellana (*véase* pág. 52)

PARA LA SALSA DE CARAMELO

Para preparar 300 g

100 g de azúcar blanquilla dorada

100 g de mantequilla

150 ml de crema de leche espesa (con 38-48 % de materia grasa)

1 cucharadita de extracto de vainilla

2 cucharadas de *brandy*

Utilizado en pastel de boniato (*véase* pág. 78)

PARA EL CHOCOLATE

Para preparar 375 g

170 g de chocolate negro (70 % de sólidos de cacao) desmenuzado

2 cucharadas de agua

220 g de azúcar lustre

Utilizado en *brownies* de chocolate y menta (*véase* pág. 119)

CARAMELO SALADO

Coloque los ingredientes en un cazo. Caliéntelos a fuego moderado hasta que la mantequilla se derrita, y continúe hasta que el caramelo llegue a ebullición. Cocine 8-10 minutos hasta que la mezcla haya espesado y oscurecido. Transfiérala a un cuenco limpio y déjela enfriar. **Conservación:** Puede guardarlo en la nevera hasta siete días.

SALSA DE CARAMELO

Precaliente un cazo de fondo grueso a fuego medio y añada el azúcar con la mantequilla troceada. Deje que se caliente, derrita y se caramelice sin remover. Añada la crema de leche y remueva hasta que la mezcla se espese y caramelice. Deje enfriar. Incorpore la vainilla y el *brandy*. **Conservación:** Tres días en nevera.

CHOCOLATE

Derrita el chocolate y el agua juntos en un cazo de fondo grueso. Retírelo del fuego y añada el azúcar lustre sin dejar de batir hasta que quede liso. También puede aromatizarlo con café, menta o esencia de naranja o rosa. **Conservación:** Utilice esta salsa de inmediato, ya que la cobertura se espesa. Puede guardarla a temperatura ambiente cinco días.

Toffee

Caramelo salado

Chocolate

5 Rellenos a base de crema

Los rellenos a base de crema aportan palatabilidad, textura y sabor a pasteles, bizcochos y tortas. Resultan ideales para pasteles preparados con el método de batido, que son esencialmente libres de grasa, ya que aportan humedad y sabor a los pasteles. Pueden aromatizarse con facilidad.

PARA LA COBERTURA DE QUESO CREMA

Para preparar la cantidad suficiente para rellenar o recubrir un pastel redondo de 15 cm

50 g de mantequilla

300 g de azúcar lustre

125 g de queso crema

Ideal para pastel de zanahoria y otros pasteles de hortalizas de raíz.

PARA LA COBERTURA DE CREMA DE COCO

Para preparar la cantidad suficiente para rellenar o recubrir un pastel redondo de 15 cm

300 g de azúcar lustre

150 g mantequilla blanda

3 cucharadas de crema de coco templada

Ideal para pasteles de coco o chocolate.

PARA LA CREMA CHANTILLY

Para preparar la cantidad suficiente para rellenar y decorar un brazo de gitano de 23 cm

500 ml de crema de leche para montar

125 g de azúcar blanquilla

1 cucharada de pasta de vainilla

Ideal para rellenar brazos de gitano, pasteles batidos frescos y merengues

COBERTURA DE QUESO CREMA

Mezcle la mantequilla con el azúcar lustre hasta que tenga la apariencia de unas migas de pan. Incorpore el queso crema sin dejar de batir hasta que la mezcla quede lisa, espesa y cremosa.
Conservación: Prepare la cobertura y úsela de inmediato, o bien consúmala en 2 días.

Consérvela en la nevera y utilícela a temperatura ambiente.

COBERTURA DE CREMA DE COCO

Bata la mantequilla, la crema de coco y el azúcar lustre hasta que la mezcla quede uniforme.
Conservación: Se conserva hasta siete días a temperatura ambiente.

CREMA CHANTILLY

Bata la crema de leche con el azúcar y la vainilla hasta que la mezcla esté voluminosa y firme, pero brillante. Tenga cuidado de no batirla en exceso.
Conservación: Mantenga la crema refrigerada y consúmala antes de dos días.

Cobertura de queso crema

Crema Chantilly

Cobertura de crema de coco

BRAZO DE LIMA Y PISTACHO CON CREMA CHANTILLY

Este bizcocho batido es maravillosamente ligero y combina muy bien con el pistacho, la aromática crema de lima y la dulce y suave crema Chantilly. Resulta sorprendente lo fácil que es de hacer, aunque su aspecto resulta impresionante en cualquier celebración.

Para 8-10 porciones

INGREDIENTES

30 g de mantequilla

4 huevos medianos

115 g de azúcar blanquilla dorada y un poco más para espolvorear

3 cucharadas de pasta de vainilla

115 g de harina

100 g de pistachos picados gruesos

½ cantidad de crema de lima (*véase* pág. 90)

1 cantidad de crema Chantilly (*véase* pág. 93)

PARA DECORAR

ralladura de 1 lima

25 g de pistachos picados

Precaliente el horno a 180 °C. Forre un molde para brazo de gitano de 23 x 32,5 cm con papel sulfurizado.

CONSEJO DE MICH

El brazo puede prepararse la víspera y rellenarlo antes de servir.

Derrita la mantequilla y resérvela hasta que se enfríe. Ponga los huevos y el azúcar en un cuenco grande y bata hasta que la mezcla forme una cinta gruesa (unos 5 minutos); a continuación, bata brevemente para incorporar la pasta de vainilla. Añada la harina tamizada a la mezcla e incorpórela con una cuchara metálica. Vierta la mantequilla derretida y enfriada, y añádala con suavidad hasta que el conjunto quede homogéneo.

Transfiera la masa al molde preparado, nivélela con el reverso de una cuchara metálica y espolvoree la superficie con pistachos picados.

Hornee durante 10-12 minutos o hasta que la masa suba, quede dorada y elástica al tacto.

Humedezca un paño de cocina con agua fría y colóquelo sobre una superficie de trabajo limpia. El paño ayudará a que la plancha se enfríe rápidamente y facilitará que se enrolle sin agrietarse.

Coloque una hoja de papel sulfurizado encima del paño de cocina y espolvoree con un poco de azúcar blanquilla dorada. Vuelque la plancha sobre el papel y enróllela con tensión: comience por el lado corto (como se muestra en la página 53), deje el papel en el interior y envuelva el conjunto con el paño de cocina. Reserve para que se enfríe.

Una vez fría, desenrolle la plancha. Con un cuchillo paleta, recúbrala con una capa uniforme de crema de lima seguida de una capa generosa de crema Chantilly. Enrolle con cuidado y transfiérala a una fuente. Llene una manga pastelera grande con una boquilla rizada con la crema Chantilly restante (la que sobre, puede servirse aparte). Haga una línea ondulada a lo largo del brazo enrollado y decórelo con los pistachos restantes y la ralladura de lima.

Conservación: Es recomendable consumirlo el mismo día de su preparación.

6   Praliné de avellana

El praliné constituye una deliciosa preparación compuesta por un almíbar de caramelo combinado con nueces tostadas. Puede emplear avellanas, almendras, anacardos o nueces. Experimente hasta encontrar su combinación favorita. Tueste los frutos secos al preparar el praliné para reforzar el sabor.

Para preparar unos 300 g

INGREDIENTES

120 g de azúcar blanquilla dorada
240 g de avellanas tostadas y peladas
   (véase pág. 52)

Ponga el azúcar en un cazo seco de fondo grueso y caliéntelo a fuego moderado removiendo con un tenedor hasta que se derrita. Continúe cocinando sin remover hasta que se forme un caramelo claro. Añada las avellanas y remueva hasta que queden bien cubiertas. Vierta inmediatamente el praliné sobre una hoja de papel sulfurizado y déjelo enfriar del todo. Necesitará unos 30 minutos.

Una vez frío y sólido, machaque el praliné con la base de un rodillo y utilice los trozos más grandes para decorar, o bien tritúrelo en un procesador de alimentos o píquelo con un cuchillo para preparar praliné picado, que podrá emplear como relleno para aportar una textura crujiente.

Conservación: Es recomendable consumirlo el mismo día.

7   Caramelo esponjoso

También se conoce como turrón de *toffee* y resulta impresionante, pues añade una textura crujiente y aporta dulzor y efervescencia a los bizcochos. Puede añadirse como decoración totalmente recubierto de chocolate negro. Sin embargo, no puede hornearse una vez hecho.

Para preparar 200-250 g

INGREDIENTES

4 cucharadas de jarabe de melaza dorado

200 g de azúcar blanquilla

3 cucharaditas de bicarbonato sódico

Forre una placa de horno con papel sulfurizado. Vierta el jarabe dorado con el azúcar en un cazo grande. Lleve a ebullición y cueza a fuego lento durante 5-10 minutos. El almíbar estará listo cuando al verter una pequeña cantidad de caramelo en un cuenco de agua fría se vuelva cristalino. No deje que se queme. Retire el cazo del fuego y añada el bicarbonato. Mezcle con rapidez con una cuchara de madera, ya que espumará

enseguida. Vierta la masa sobre la placa preparada y déjela enfriar y solidificar (unos 30 minutos). Parta el caramelo en trozos del tamaño de un bocado con la base de un rodillo y póngalo como decoración o añádalo a los rellenos para darles un toque crujiente.

Conservación: Es conveniente consumirlo el mismo día.

PASTEL DE BIZCOCHO DE CHOCOLATE CON RON Y PASAS DE DARINA

Tuve el placer de contar con la presencia de Darina Kelly en la Little Venice Cake Company durante unas prácticas. Comenzó su estancia con el más delicioso pastel de bizcocho de chocolate, un exquisito y sustancioso pastel no horneado y aglutinado con chocolate derretido, mantequilla y jarabe de melaza dorado. Puede añadir infinidad de ingredientes a este pastel, al que además puede dar la forma y el tamaño de cualquier molde grande o individual. Suele utilizarse como base para pasteles de fiesta o nupciales, que luego se recubren con glaseado y se decoran.

Para preparar un pastel redondo de 15 cm o uno rectangular de 1 kg

INGREDIENTES

275 g de mantequilla

150 g de jarabe de melaza dorado

225 g de chocolate negro (70 % de sólidos de cacao)

125 g de galletas tipo Digestive

125 g de galletas de té (de mantequilla)

125 g de nueces de macadamia, tostadas y picadas gruesas

125 g de pistachos tostados y picados gruesos

200 g de pasas remojadas en 5 cucharadas de ron durante 6 horas

Forre un molde redondo de 15 cm o uno alargado de 1 kg con película de plástico de cocina pincelado con un poco de aceite de cacahuete (véase pág. 27).

Derrita la mantequilla, el almíbar y el chocolate juntos en un cazo de fondo grueso a fuego moderado hasta que quede una masa lisa. Retírelo del fuego y déjelo enfriar ligeramente.

En un cuenco aparte, trocee las galletas y añada las nueces de macadamia, los pistachos y las pasas impregnadas en ron (o bien el caramelo esponjoso, las pepitas de chocolate y las nubes).

Vierta encima el almíbar de chocolate y remueva hasta que quede bien mezclado. Transfiera la mezcla al molde preparado y presione con el dorso de una cuchara metálica o una espátula de goma. Cubra el pastel con película de plástico y déjelo en la nevera durante toda la noche para que cuaje.

Vuelque el molde y sacúdalo con suavidad para desmoldar el pastel. Retire la película.

Conservación: Este pastel se conserva hasta cinco días a temperatura ambiente, aunque si lo mete en la nevera quedará más crujiente.

VARIANTE: PASTEL DE BIZCOCHO DE CHOCOLATE Y CARAMELO ESPONJOSO

275 g de mantequilla

150 g de jarabe dorado

225 g de chocolate (mezcla de 70 % de sólidos de cacao negro y chocolate con leche)

125 g de galletas tipo Digestive

125 g de galletas de té (de mantequilla)

250 g de caramelo esponjoso (véase pág. 97) triturado

100 g de pepitas de chocolate blanco

125 g de nubes rosas y blancas cortadas a cuartos

Utilice estos ingredientes para seguir el método detallado arriba.

CONSEJOS DE MICH

También puede extender la masa en un molde de 20 x 30 cm y cortarlo en cuadrados una vez que haya solidificado para llevarlo a una merienda o un almuerzo (saldrán 16 porciones).

Tueste las nueces y déjelas enfriar antes de añadirlas a la mezcla para intensificar su sabor y textura.

Es delicioso servido en porciones del tamaño de un bocado para la sobremesa o para acompañar al café de la mañana.

8 *Ganache* de chocolate negro

Este método totalmente probado para preparar *ganache* de chocolate negro le permitirá disponer de una receta base para muchas otras, ya que puede utilizarse como relleno y glaseado, sola, batida o mezclada con crema de mantequilla; como cobertura, puede verterse para un acabado liso o aplicarse con un cuchillo paleta para darle textura; aplicada con manga permite completar la decoración de muchos pasteles, brazos y tartas.

Para preparar 700 g

INGREDIENTES

400 g de chocolate negro (70 % de sólidos de cacao) desmenuzado

200 g de mantequilla cortada en trozos

100 ml de crema de leche espesa (con 38-48 % de materia grasa)

Ponga el chocolate y la mantequilla juntos en un recipiente grande y caliéntelo en el microondas durante 60 segundos a potencia alta para comenzar el proceso de fusión. Ponga la crema en un cazo de fondo grueso y lleve a ebullición. En cuanto hierva, retírela del fuego y viértala sobre el chocolate y la mantequilla.

Comience a remover con una espátula de goma y continúe trabajando la crema hasta que la *ganache* adquiera una textura sedosa, suave y muy brillante.

La *ganache* puede utilizarse en este estado para verter (*véase* pág. 111) sobre pasteles que se han enmascarado (*véase* pág. 107). Deje que la *ganache* se enfríe y espese algo para utilizarla en cremas de mantequilla, dosificándola con manga o con un cuchillo paleta, encima y alrededor de un pastel ya enmascarado. Bata la *ganache* fría con una batidora eléctrica para airearla y utilizarla como relleno en las recetas.

VARIANTE: CREMA DE MANTEQUILLA CON *GANACHE* DE CHOCOLATE

Para preparar una exquisita crema de mantequilla de chocolate, mezcle 1 cantidad de crema, la mantequilla a la vainilla (*véase* pág. 104) y 250 g de *ganache* de chocolate fría (o a su gusto) en un cuenco grande, con una cuchara de madera, hasta que quede uniforme.

CONSEJOS DE MICH

1 La *ganache* debe dejarse enfriar a temperatura ambiente antes de añadirla a la crema de mantequilla para evitar que esta se derrita.

2 Para una crema de mantequilla con un sabor menos intenso a chocolate, añada menos *ganache* de chocolate.

Conservación: Guárdela en un recipiente hermético en la nevera hasta dos semanas o en el congelador durante tres meses. Descongélela a temperatura ambiente y caliéntela en el microondas o al baño María.

9 Ganache de chocolate blanco

La *ganache* de chocolate blanco es maravillosamente cremosa y dulce. Sin embargo, también puede resultar caprichosa e inestable, así que únicamente recomiendo utilizarla como relleno para un pastel que se vaya a consumir enseguida, pero no para recubrir con mazapán y glaseado. Use chocolate blanco de la mejor calidad posible.

Para preparar 600 g

INGREDIENTES

300 ml de crema de leche espesa
(con 38-48 % de materia grasa)

45 g (3 cucharadas) de jarabe de glucosa

400 g de chocolate blanco troceado
o pepitas de chocolate

75 g de mantequilla

Ponga la crema espesa con el jarabe de glucosa en un cazo pequeño y lleve a ebullición. Ponga el chocolate en un cuenco grande. Cuando la crema hierva, retírela del fuego y viértala sobre el chocolate. Déjela reposar, sin remover, durante 5 minutos y, a continuación, remueva hasta que la *ganache* quede homogénea.

VARIANTES

Estos dos métodos alternativos para preparar *ganache* son más sencillos, pero tienen sus limitaciones.

1 Derrita 300 g de chocolate blanco, déjelo enfriar e incorpórele 300 ml de crema de leche espesa sin dejar de batir, hasta que tenga una consistencia espesa y brillante. Puede utilizarse para recubrir un pastel, pero no es estable a temperatura ambiente, ya que la crema no se ha calentado. Debe consumirse en cuatro horas o conservarse en la nevera.

2 Hierva 300 ml de crema de leche espesa y vuélquela sobre 300 g de chocolate blanco en un cuenco. Remueva hasta que la mezcla quede uniforme y déjela enfriar.

Nota: El chocolate blanco no contiene sólidos de cacao y está compuesto por grasa de cacao, azúcar, sólidos de leche y sal.

Conforme la *ganache* se enfríe, vaya incorporando la mantequilla. Deje que se enfríe y se espese, y utilícela como relleno entre dos capas de pastel.

Conservación: Esta *ganache* puede guardarse en la nevera hasta siete días. Sáquela y, antes de utilizarla, deje que se atempere durante 30 minutos para que se ablande.

10 Crema de mantequilla a la vainilla

La crema de mantequilla preparada con mantequilla blanda y azúcar lustre
constituye el relleno más seguro y dulce para utilizar entre dos capas de pastel.
Es estable a temperatura ambiente y puede combinarse con una gran variedad
de productos para crear sabores novedosos e interesantes. Es importante utilizar
mantequilla blanda para que el proceso cremoso sea correcto.

Para preparar 750 g

INGREDIENTES

250 g de mantequilla blanda

500 g de azúcar lustre sin refinar
(o azúcar lustre blanco puro)

2 cucharadas de pasta de vainilla

Ponga la mantequilla blanda en
el cuenco de la amasadora eléctrica y bata
durante 1 minuto hasta que quede lisa. Baje
la velocidad y añada con delicadeza el azúcar
lustre (que no es necesario tamizar). Aumente
la velocidad y continúe mezclando hasta
que la crema de mantequilla quede pálida
y cremosa, y haya doblado su tamaño.

Añada la pasta de vainilla y siga batiendo
hasta que esté incorporada del todo.

Conservación: Se conserva hasta cuatro
semanas en un recipiente hermético en
la nevera. Déjela en un lugar a temperatura
ambiente y vuelva a batirla antes de su uso.

✕ Lo que no debe hacer

Resístase a la tentación de elaborar crema
de mantequilla con mantequilla fría, pues
no la podrá batir y quedará granulosa.
Utilice mantequilla auténtica en lugar de
una mezcla para untar. Prepare la crema
de mantequilla con mantequilla sin sal
y añada un poco de sal si así lo desea.

No añada leche a la crema de mantequilla
para aflojarla, pues reducirá sus
propiedades de conservación: la leche se
agria a temperatura ambiente. Si queda
demasiado espesa, bata 5 minutos más.

CONSEJOS DE MICH

1 Es una buena idea que, cuando prepare crema de mantequilla, cubra la
batidora con un paño limpio mientras añade el azúcar lustre para contener
la nube de polvo fino de azúcar que se genera.

2 La crema de mantequilla preparada con el azúcar lustre sin refinar tendrá
un color y sabor acaramelados, y combinará de una manera excelente
con la pasta de vainilla, el café, el caramelo, el chocolate y el praliné.

3 La crema de mantequilla blanca pura constituye el fondo perfecto
para combinar con purés de fruta y colorantes.

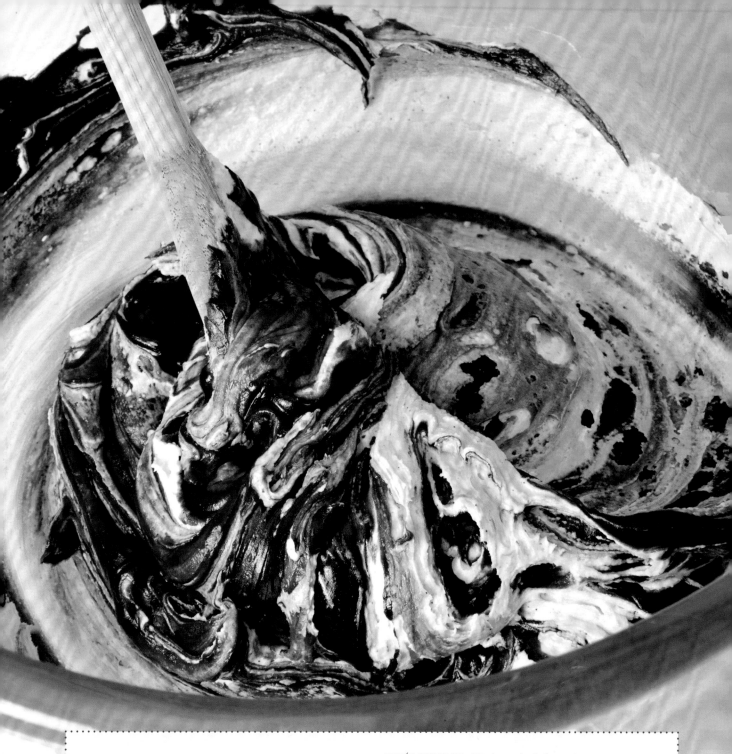

VARIANTES

Puede añadir muchos sabores, purés, cremas, chocolates y *ganaches* a una crema de mantequilla. Estos son mis favoritos (que puede añadir a 1 cantidad de crema de mantequilla a la vainilla).

CREMAS DE FRUTAS CÍTRICAS: Incorpore 250 g de crema casera de limón, lima o fruta de la pasión (*véase* pág. 90).
RALLADURA FRESCA: Añada 2 cucharadas de cáscara fina de limón, naranja o lima. Combine sabores naranja-limón o lima-limón.

PURÉS DE FRUTA: Añada purés de fruta al gusto según la temporada: frambuesa y rosa, arándanos, bayas variadas, fresa y champán.
CHOCOLATE BLANCO: Incorpore 200 g de chocolate blanco derretido.
CAFÉ: Agregue un chorro frío de café exprés (unos 50 ml) o disuelva 2 cucharaditas de café soluble en 2 cucharadas de agua recién hervida y deje enfriar.
MOCA: Agregue un chorro de café exprés a una crema de mantequilla con *ganache* de chocolate (*véase* pág. 101) para obtener un sabor de moca.

11 Cómo enmascarar un pastel

El enmascarado, capa de sellado o capa tapa migas es un recubrimiento de crema de mantequilla que actúa como envoltura y base de preparación para disponer encima una decoración impecable. La crema de mantequilla es una base ideal, ya que puede extenderse por los lados y la superficie del pastel con un cuchillo paleta para alisarla, de manera que sus superficies y uniones queden limpias y angulosas; además, permite acondicionar el pastel de manera que no se desmigue sobre la cobertura principal y arruine el acabado. Los pasteles que han perdido la forma o que están compuestos de varias capas unidas pueden beneficiarse de un recubrimiento con crema de mantequilla que proporcionará la base perfecta para la cobertura definitiva.

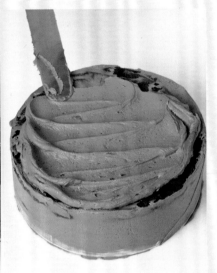

Para recubrir un pastel redondo de 20 cm

INGREDIENTES

1 pastel redondo de 20 cm

½ cantidad (unos 350-400 g) de crema de mantequilla con *ganache* de chocolate (*véase* variante, pág. 101); dependerá de la altura del pastel y de si debe abrirse para rellenar.

TAMBIÉN NECESITARÁ

Soporte para pastel de 20 cm

Recorte el pastel y colóquelo al revés sobre un soporte del mismo tamaño. Comenzando por los lados, aplique con un cuchillo paleta plano la crema de mantequilla alrededor de las paredes del pastel, rellenando todos los huecos para conformar una pared recta. Lleve el cuchillo paleta hacia el interior alrededor del pastel para retirar el exceso de crema de mantequilla de la superficie, de modo que esta quede plana y se pueda trabajar.

Distribuya más crema de mantequilla sobre la superficie del pastel y alise y nivélela con el cuchillo paleta. Transfiera el pastel a la nevera o al congelador durante 10 minutos o hasta que la mantequilla quede firme al tacto. Ahora estará lista para extender la cobertura.

CONSEJO DE MICH

Las coberturas pueden consistir en decoraciones de crema de mantequilla aplicadas con manga pastelera, *ganache* vertida, *fondant* listo para extender o pasta de azúcar de chocolate. Este método sería el mismo que si utilizara una crema de mantequilla de merengue suizo (*véase* pág. 124).

PASTEL DE CHOCOLATE Y LIMA

El chocolate y las limas presentan una afinidad maravillosa. En esta receta, he apilado tres capas de pastel de chocolate, rellenas con crema de lima y crema de mantequilla con *ganache* de chocolate. Este pastel puede constituir un centro de mesa fantástico en una fiesta veraniega, lejos del sol, por supuesto. Puede sustituir la crema de lima por un puré de frambuesa y rosa y adornar el pastel con bayas frescas si lo prepara para una boda veraniega sencilla o para un cumpleaños. Pruebe, asimismo, a hornear el pastel con cáscara de naranja y añada esencia de naranja a la *ganache*, decorando con lustre dorado para un centro navideño.

Para 16-20 porciones como postre o 30-40 porciones pequeñas

INGREDIENTES

- 1 pastel de chocolate de 10 cm (*véanse* págs. 38-41) horneado y frío
- 1 pastel de chocolate de 15 cm (*véanse* págs. 38-41) horneado y frío
- 1 pastel de chocolate de 20 cm (*véanse* págs. 38-41) horneado y frío
- 1 cantidad de crema de lima (*véase* pág. 90) fría
- 1 cantidad de crema de mantequilla con *ganache* de chocolate (*véase* variante, pág. 101) a temperatura ambiente
- 2 cantidades de *ganache* de chocolate (*véase* pág. 100) fría y espesada con 2 cucharadas de aceite de lima para aromatizar
- limas frescas y hojas de gardenia para decorar

TAMBIÉN NECESITARÁ

- soportes para pasteles de 10 cm, 15 cm y 20 cm
- soporte para pasteles de 27,5 cm de diámetro decorado con una cinta de grogrén marrón de 15 mm de ancho
- manga pastelera desechable con boquilla estrellada

Nivele e iguale los pasteles y gírelos del revés sobre un soporte de pastel del mismo tamaño. Abra y rellene cada pastel con crema de lima y crema de mantequilla con *ganache* de chocolate. Aplique una capa de sellado a cada capa con crema de mantequilla (*véase* pág. 107). Transfiera los pasteles a la nevera o al congelador durante 10 minutos o hasta que la mantequilla quede firme al tacto. Extienda un poco de *ganache* de chocolate aromatizada con lima en el centro del soporte base. Así se mantendrá el pastel en su sitio y se evitará que se mueva mientras reposa.

Coloque el pastel a capas en el centro del soporte base. Con un cuchillo paleta plano extienda la *ganache* aromatizada con lima sobre la superficie y los lados del pastel hasta que quede completamente cubierta. También con el cuchillo, cree formas atractivas en la *ganache* de chocolate. Apile (*véanse* págs. 154-155) el siguiente piso directamente encima y repita el proceso hasta terminar con el piso superior. Utilice la manga pastelera con la boquilla de estrella rellena con *ganache* para crear un borde decorativo alrededor de la base y acabe decorando con limas frescas y hojas de gardenia.

CONSEJOS DE MICH

1 Es importante trabajar con cierta rapidez al decorar un pastel con *ganache* de chocolate, ya que la baja temperatura del pastel frío favorecerá el endurecimiento de la *ganache*.

2 No es necesario colocar varillas/palitos de soporte entre estos pisos, ya que los pasteles son relativamente pequeños y ligeros, y la diferencia entre pisos es mínima, por lo que, en general, el peso queda distribuido de forma regular.

12 Verter *ganache*

Mi receta de *ganache* es perfecta para verter de forma regular sobre pasteles cubiertos con una capa de sellado o enmascarado gracias a su contenido de mantequilla. Una vez cubierta, la *ganache* permanece estable a temperatura ambiente y no requiere refrigeración. Se conserva durante cinco días. El pastel debería estar frío, y la *ganache*, caliente para obtener el mejor efecto.

Para recubrir un pastel de 20 cm

INGREDIENTES

1 pastel de chocolate de 20 cm horneado y frío (*véanse* págs. 38-41), con una capa de sellado de crema de mantequilla con *ganache* de chocolate (*véase* pág. 101)

1 cantidad de *ganache* de chocolate negro (*véanse* págs. 100-101)

Aplique una capa de sellado al pastel usando la crema de mantequilla y siguiendo las instrucciones de la página 107. Retire el pastel del congelador y póngalo sobre una rejilla para enfriar colocada sobre una hoja de papel sulfurizado. Utilice un cucharón para verter la *ganache* de forma generosa sobre la superficie del pastel.

Con la base del cucharón, extienda la *ganache* hacia el borde del pastel y deje que rebose por los lados. Puede ir distribuyendo la *ganache* de lado a lado para asegurar un recubrimiento continuo. Tenga cuidado de no presionar demasiado con el cucharón para no romper la crema de la capa de sellado.

Cuando la superficie y los lados estén cubiertos, levante la rejilla con ambas manos y sacúdala sobre la mesa repetidamente y con firmeza para alisar e igualar la *ganache*. Deje solidificar unos cuantos minutos.

Levante el pastel con cuidado de la rejilla y, con un cuchillo afilado, elimine las cortinas de *ganache* de chocolate que cuelgan en la base. Colóquelo sobre una base o soporte para que se solidifique. Deje que la *ganache* restante se enfríe y cree una decoración adicional con manga pastelera sobre el pastel.

«*Es importante que los pasteles se coloquen sobre bases del mismo tamaño para poder manipularlos bien*».

13 Decorar con manga pastelera

La aplicación de coberturas a base de cremas con la manga pastelera, boquillas grandes y mangas desechables constituye una manera ideal de comenzar a modelar a mano y adquirir confianza. La decoración con manga requiere menos precisión que la aplicación del glaseado real, que es más intrincado (*véanse* págs. 166-168), por lo que resulta perfecta para adornar madalenas, pasteles, tartas y brazos. Las madalenas precisan relativamente poco tiempo, menos experiencia y un equipo más económico para lograr un resultado fabuloso.

CÓMO PREPARARSE PARA DECORAR CON MANGA

Corte la base de la manga desechable e inserte una boquilla. Llene el extremo de la bolsa hacia abajo para crear un cono rígido. Sujete el cono interior y llene la manga a cucharadas hasta la mitad. Vuelva a desenrollar la manga hacia arriba y libere el aire atrapado en la bolsa apretando un poco la crema hacia la boquilla. Retuerza la bolsa a la altura de la parte superior de la cobertura para sellarla y sujétela verticalmente para dosificar la cobertura.

Forme pétalos:
comience por la base
y trabaje hacia arriba,
manteniendo la parte
fina de la boquilla
hacia arriba.

Una boquilla de estrella
crea un remolino elegante
empezando por el centro
y trabajando hacia afuera.

Forme una flor abierta
comenzando por el centro;
a continuación, gire el pastel
para crear el pétalo central
cerrado. La parte fina de la boquilla
debe encararse hacia arriba.

Forme pequeñas
estrellas para
llenar la superficie:
comience por
el exterior y trabaje
hacia el centro.

Una estrella abierta
puede emplearse
para crear un remolino
más contemporáneo.
Empiece por el exterior
y trabaje hacia el centro.

Progrese hacia este diseño de rosa
más elaborada utilizando la boquilla
de lágrima. Forme pétalos individuales
en dos tonalidades comenzando por
la capa base y trabajando hacia arriba.

NECESITA

madalenas o *cupcakes*
crema de mantequilla
    (*véase pág. 104*)
mangas pasteleras desechables
una selección de boquillas:
    fila superior, de izquierda a
    derecha: n.° 124, n.° 822 y n.° 124
    fila inferior, de izquierda a derecha:
    n.° 822, n.° 2C y n.° 124

La decoración de madalenas puede
constituir una fantástica introducción
al modelado con manga pastelera para un
principiante. Preparar, hornear y decorar
madalenas puede ser muy satisfactorio. Son
relativamente fáciles de elaborar y no hay que
invertir una gran cantidad de tiempo, energía,
equipo o habilidad. Prepare una hornada
de madalenas de vainilla y experimente
con el sabor y la decoración de la cubierta.
En esta ocasión me he decidido por las de
vainilla y las he decorado con una crema
de mantequilla blanca mezclada con
puré de frambuesas frescas y rosa.

*«Siempre
utilizo mangas
pasteleras desechables
para la crema de
mantequilla, ya que
son más higiénicas»*.

DECORACIÓN EN DOS TONALIDADES

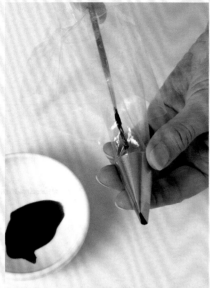

Para crear un efecto de dos tonalidades, coloque la boquilla elegida en una manga pastelera desechable grande orientada hacia la costura de la manga. Cargue el extremo de un pincel con colorante comestible y páselo a lo largo de la costura de la bolsa. Llene la manga con crema de mantequilla: el color teñirá la crema de mantequilla en la costura. Disponga las madalenas decoradas con líneas y preséntelas sobre un bonito soporte o en cajas para regalo.

HOJAS Y CONCHAS DE *GANACHE*

Para las hojas: corte el extremo de la manga pastelera y coloque una boquilla n.º 69 antes de llenarla con *ganache*. Sujete la bolsa con dos manos, orientando la boquilla con la abertura horizontal, y presione sin mover la bolsa. Así creará la parte trasera de la hoja. Despacio, mueva la boquilla hacia usted, manteniendo la presión. Cuando haya alcanzado la forma y tamaño deseados, libere la presión por completo, levante con delicadeza la boquilla y retírela de la hoja para formar el ápice.

Para las conchas: corte el extremo de la manga pastelera, ajuste una boquilla de estrella abierta y llénela con *ganache*. Sujete la boquilla con un ángulo de 45 grados y forme una concha. Vaya disminuyendo la presión al mover la bolsa alrededor del pastel; a continuación, comience la concha siguiente presionando sobre la punta de la concha previa. Repita el proceso alrededor de la base.

Deje siempre que la *ganache* se enfríe y se endurezca con una consistencia que permita dosificarla. Este adorno de conchas es perfecto para sellar la base de cualquier pastel o tarta. Si la *ganache* se endurece demasiado hasta el punto de dificultar la dosificación, simplemente caliéntela en el microondas para ablandarla.

PASTEL DE ROSAS DE FRAMBUESA

La decoración de este pastel con distintas intensidades de crema de mantequilla y puré de frambuesa y rosa se consigue en menos de una hora, y lo convertirá en el centro de cualquier celebración. Adoro la altura del pastel y el hecho de que el color se consiga solo con las frambuesas frescas, sin colorantes artificiales. Una vez que domine la técnica puede probar infinitas variantes.

Para preparar un pastel redondo de 15 cm de dos capas

INGREDIENTES

2 pasteles celestiales de vainilla, redondos, de 15 cm (*véanse* págs. 44 y 82)

crema de mantequilla a la vainilla (*véase* pág. 104) hecha con 750 g de mantequilla y 1,5 kg de azúcar lustre blanco

1 cantidad de puré de frambuesa y rosa (*véase* pág. 89)

TAMBIÉN NECESITARÁ

1 base para pastel de 15 cm

mangas pasteleras desechables grandes

4 boquillas 2D

Hornee los pasteles siguiendo las instrucciones y déjelos enfriar. Prepare la crema de mantequilla y divídala en dos cuencos. Añada 3 cucharadas de puré a un cuenco de crema de mantequilla.

Nivele la parte superior de los pasteles de vainilla para que queden igualados y únalos con la crema de mantequilla aromatizada; controle que la unión de los pasteles se realice por la cara cortada.

Coloque el pastel sobre un soporte y extienda la crema de mantequilla aromatizada por sus lados y su superficie para crear un acabado liso y uniforme. Transfiera el pastel a la nevera para que solidifique. Guarde la crema de mantequilla aromatizada restante.

Una vez frío, coloque el pastel en el centro de un expositor. Divida las paredes del pastel en tres secciones iguales con la ayuda de un cuchillo paleta.

Divida por igual la crema de mantequilla sin aromatizar en 4 cuencos y añada puré a 3 de ellos para crear un tono creciente de color e intensidad. Añada el sobrante de la crema de mantequilla aromatizada de la capa de sellado al color más intenso.

Ponga una boquilla 2D en una manga pastelera desechable y llénela con la crema de mantequilla del tono más oscuro. Comience sujetando la manga con la boquilla un poco más lejos del pastel, formando un ángulo de 90 grados. Cree un remolino a modo de rosa desde el centro de la flor hacia afuera sobre la base del pastel. Trace la siguiente flor junto a la primera y repita el proceso hasta que haya compuesto un conjunto de rosas distribuidas de manera uniforme alrededor de la base.

Añada lo que quede de esta crema de mantequilla con el color más intenso al cuenco del siguiente color un poco más pálido y remueva para homogeneizar. Llene una manga pastelera desechable con una boquilla 2D con esta crema y repita el proceso de trazar un aro de rosas alrededor del centro del pastel.

Agregue el resto de esta crema de mantequilla al siguiente tono más pálido y repita el proceso para el anillo superior de rosas. Por último, mezcle el remanente de crema de mantequilla con la porción sin aromatizar, para que apenas tenga color, y llene la superficie del pastel con rosas, comenzando por el exterior y trabajando hacia el centro.

Ponga un poco de crema de mantequilla en el centro de la base o el expositor antes de colocar el pastel en su sitio para mantenerlo estable y evitar que se mueva mientras crea las rosas.

14 Glaseado

El glaseado es una cobertura preparada a partir de la mezcla de azúcar lustre y agua. Pueden utilizarse zumos de cítricos, café, chocolate y caramelo para aportar un sabor y color más intensos. Es posible emplear azúcar lustre blanco o sin refinar para elaborarlo. Se suele usar como cobertura simple para pasteles, brazos o bizcochos, pero no es lo bastante estable para recubrir un pastel al que se quiera añadir un adorno adicional con manga.

Para preparar unos 275 g

INGREDIENTES

250 g de azúcar lustre
2-3 cucharadas de agua (u otro líquido)

Vierta el azúcar lustre en un cuenco grande limpio. Mida el líquido con una cuchara para un mejor resultado. Vierta una parte del líquido y remueva en círculos desde el centro hasta el exterior. De esta manera incorporará el azúcar gradualmente y evitará que se formen grumos en el glaseado. Añada más líquido a medida que sea necesario hasta que el glaseado adquiera la consistencia deseada. Debería ser lo suficientemente espeso como para recubrir el dorso de una cuchara, aunque líquido para verterlo sobre el pastel.

Conservación: Utilícelo enseguida y descarte el sobrante. Los pasteles recubiertos con glaseado pueden conservarse a temperatura ambiente.

Nota: El glaseado se solidifica al tacto, pero no es tan firme como el glaseado real. Es posible trazar líneas y mensajes sencillos con glaseado, pero para cualquier decoración más elaborada deberá emplear glaseado real.

La humedad y la consistencia deseada afectan a la cantidad exacta de líquido necesario. Recomiendo añadir dos cucharaditas de líquido cada vez, y ajustar con más líquido o azúcar según se requiera.

VARIANTES

1 Glaseado de chocolate: Ponga 170 g de chocolate negro troceado y 6 cucharadas de agua en un cazo pequeño de fondo grueso. Caliéntelo hasta que se derrita. Añada 220 g de azúcar lustre y bata hasta que quede uniforme.

2 Glaseado de café: Ponga 200 g de azúcar lustre sin refinar en un cuenco y haga un hueco en el centro. Añada 40 ml de café exprés y remueva hasta que el glaseado quede uniforme y lo bastante espeso como para recubrir el dorso de una cuchara.

BROWNIES DE CHOCOLATE Y MENTA

Cuando los preparamos la primera vez, no teníamos ni idea de lo deliciosos que quedarían. Córtelos en trozos del tamaño de un bocado y sírvalos a modo de *petit-fours* para acompañar el café después de una comida festiva o con té de menta a media tarde. Visto el éxito, las variantes pueden ser infinitas.

Para preparar 18 rebanadas o 36 cuadraditos

INGREDIENTES

1 pastel de chocolate de 20 cm (*véanse* recetas en págs. 38-41 y 82), pero añada 100 g de pepitas de chocolate negro después de incorporar la harina

1 cantidad de glaseado de chocolate (*véase* pág. anterior) con 1 cucharada de esencia de menta

colorante en polvo perlado (opcional)

TAMBIÉN NECESITARÁ

molde de 30 x 20 cm forrado con papel sulfurizado

Prepare los *brownies* con la receta para el pastel de chocolate de 20 cm; hornéelo durante 35-40 minutos y déjelo enfriar en el molde. Elabore el glaseado y extiéndalo sobre el *brownie* en cuanto esté listo, pero sin sacarlo del molde. Deje que se enfríe y se solidifique antes de sacar los *brownies* utilizando el papel como soporte. Corte en rebanadas.

Conservación: Guarde los *brownies* hasta tres días en un recipiente hermético a temperatura ambiente.

VARIANTES DE SABOR

1 NARANJA: Añada la ralladura de 2 naranjas a la masa de *brownie* antes de hornear y agregue 1 cucharada de esencia natural de naranja al glaseado de chocolate.

2 FRAMBUESA Y ROSA: Extienda 200 g de frambuesas frescas en la base del molde antes de verter la masa y añada 2 cucharaditas de esencia de rosa al glaseado de chocolate.

3 CHOCOLATE BLANCO Y AVELLANA CON GLASEADO DE MOCA: Sustituya 100 g de pepitas de chocolate por 100 g de chocolate blanco troceado; añada 75 g de avellanas tostadas y picadas. Para el glaseado, sustituya la mitad del agua por café exprés.

15 Merengue italiano

El merengue italiano, que permanece estable a temperatura ambiente, se prepara vertiendo un hilo continuo de almíbar caliente sobre las claras de huevo recién batidas para cocer y estabilizar el merengue. Suelo utilizar un soplete para caramelizar el azúcar en el merengue a fin de añadir color como toque final. Este merengue no requiere cocción adicional y puede emplearse para agregar una cobertura sedosa a pasteles, tartas y brazos.

Para preparar la cantidad necesaria para cubrir y decorar un pastel de 20 cm (unos 450 g)

INGREDIENTES

300 g de azúcar blanquilla
25 g glucosa líquida
65 ml de agua
4 claras de huevo medianas

TAMBIÉN NECESITARÁ

termómetro para azúcar

Vierta el azúcar, la glucosa y el agua en un cazo y caliente a fuego medio-alto, removiendo con suavidad. Utilice un pincel previamente sumergido en agua fría para retirar los cristales de azúcar que puedan formarse alrededor del borde del cazo. Coloque el termómetro para azúcar en la solución y deje de remover cuando la temperatura alcance 80 °C. Continúe calentando sin remover hasta que la temperatura llegue a 110 °C.

Bata las claras de huevo en un cuenco limpio con la batidora eléctrica a velocidad máxima. Cuando el almíbar alcance 119 °C, retire el cazo del fuego y, sin dejar de batir las claras a velocidad máxima, añádales el almíbar en forma de hilo lento y continuo teniendo cuidado de no verterlo sobre las palas de la batidora. Una vez que haya añadido todo el almíbar, bata hasta que el merengue esté frío.

Conservación: Emplee enseguida el merengue para recubrir y decorar el pastel.

«Utilizo merengue italiano para decorar el exterior de pasteles, madalenas, tartas y tartaletas que no requieren un horneado adicional, ya que no pierde la forma original».

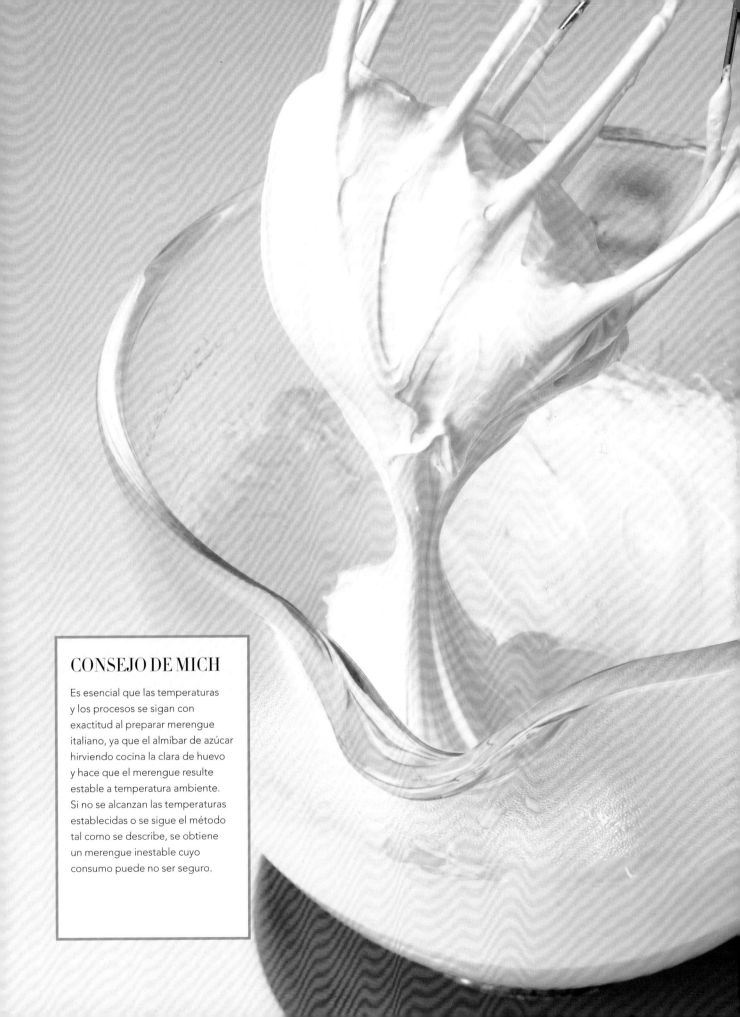

CONSEJO DE MICH

Es esencial que las temperaturas
y los procesos se sigan con
exactitud al preparar merengue
italiano, ya que el almíbar de azúcar
hirviendo cocina la clara de huevo
y hace que el merengue resulte
estable a temperatura ambiente.
Si no se alcanzan las temperaturas
establecidas o se sigue el método
tal como se describe, se obtiene
un merengue inestable cuyo
consumo puede no ser seguro.

PASTEL *CHIFFON* DE FRESA

El pastel *chiffon* resulta maravillosamente ligero, pues combina una masa a base de aceite con un merengue de clara de huevo. Puede refrigerarse, dado que el aceite ayuda a mantener el pastel blando. Su suave sabor se adapta bien a las combinaciones con sabores intensos, como las fresas frescas. Está bañado en un elegante merengue italiano, lo que aporta una riqueza dulce y aterciopelada al pastel y a su vez evita que se seque. Se trata de un pastel impresionante y divertido de hacer, aunque requiere un termómetro de azúcar y un soplete.

Para 12-16 porciones

PARA EL *CHIFFON*

270 g de harina

300 g de azúcar granulado

2 ¼ cucharaditas levadura en polvo

¾ de cucharadita de sal

120 ml de aceite de girasol

7 yemas de huevo y 9 claras de huevo grandes

180 ml de leche entera

½ cucharadita de crémor tártaro

2 cucharaditas de pasta de vainilla

PARA DECORAR

1 cantidad de merengue italiano (*véase* pág. 120)

400 g de fresas frescas

100 g de almendras tostadas fileteadas

TAMBIÉN NECESITARÁ

1 molde redondo alto de 25 cm (sin forrar)

boquilla de estrella abierta del n.º 195

Precaliente el horno a 170 °C

Mezcle la harina, 150 g de azúcar, levadura en polvo y sal. En un cuenco aparte, bata el aceite, las yemas y la leche. Vierta la mezcla de harinas sobre las yemas y bata hasta que quede uniforme.

Bata las claras a velocidad alta hasta que quede espumosa. Agregue el crémor tártaro y la pasta de vainilla y continúe batiendo hasta que se formen picos blandos. Añada gradualmente el azúcar restante y bata hasta que forme picos firmes y quede brillante (unos 5 minutos).

Sin dejar de batir, vierta una tercera parte del merengue (espuma) en la masa. Con cuidado, incorpore el resto hasta que esté mezclado. Vierta la masa en el molde y hornee durante 50-60 minutos hasta que suba, quede dorada y al insertar un palillo en el centro salga limpio.

Saque el pastel del horno y suspenda el molde sobre un cuenco al revés hasta que se enfríe.

Pase un cuchillo alrededor del interior del molde para liberar el pastel y sacarlo con cuidado. Recorte la base y colóquelo sobre un soporte para pasteles. Prepare el merengue italiano siguiendo las instrucciones de la página 120 y distribúyalo con un cuchillo paleta hasta que cubra totalmente la superficie y los lados del pastel.

Vierta el merengue italiano restante en una manga pastelera con una boquilla de estrella abierta (n.º 195). Forme rosetas alrededor de la cubierta del pastel realizando movimientos circulares. Compruebe que sujeta la manga de forma vertical sobre el pastel. Coloque las almendras fileteadas tostadas alrededor de la base del pastel. Con un soplete, caramelice suavemente el merengue italiano cuidando de no quemar los picos. Decore el centro del pastel con fresas frescas.

Conservación: Este pastel se conserva dos días en la nevera.

Para un acabado aún más delicioso, abra el pastel *chiffon* y rellénelo con crema de limón casera (*véase* pág. 90) o con mermelada de fresa antes de cubrirlo con merengue.

16 Crema de mantequilla de merengue suizo

La preparación de esta crema de mantequilla de merengue suizo se basa en calentar el azúcar con la clara de huevo para preparar un merengue al que se incorpora mantequilla para espesar y estabilizar. Su textura es muy sedosa y aterciopelada, y además resulta deliciosamente ligera. Es fácil de trabajar con la manga pastelera para decorar madalenas y pasteles de mayor tamaño y mantiene bien la forma. Como el merengue ha sido tratado térmicamente, resulta estable a temperatura ambiente.

Para preparar 1 kg, suficiente para recubrir 48 madalenas mini, 24 madalenas normales o un pastel de 25 cm

INGREDIENTES

5 claras de huevo medianas
  a temperatura ambiente
275 g de azúcar blanquilla dorada
450 g de mantequilla
2 cucharaditas de pasta de vainilla

Conservación: Esta crema de mantequilla se conserva a temperatura ambiente, como decoración de un pastel, durante dos o tres días.

Ponga las claras de huevo y el azúcar en un cuenco grande y limpio sobre un cazo con agua a fuego lento que no se agite apenas. Bata con una batidora eléctrica manual hasta que el merengue quede sedoso y no granuloso cuando lo frote entre el índice y el pulgar; debe alcanzar una temperatura de 88 °C. Calcule unos 10 minutos aproximadamente.

CONSEJOS DE MICH

1 Como el merengue se cocina, resulta estable a temperatura ambiente.

2 Espere a que el merengue alcance la temperatura ambiente antes de añadir la mantequilla para evitar que se corte. Si esto ocurre, continúe batiendo y espere a que se enfríe.

3 El merengue puede perder su forma cuando comience a añadir la mantequilla, pero continúe incorporándola y verá cómo se espesa.

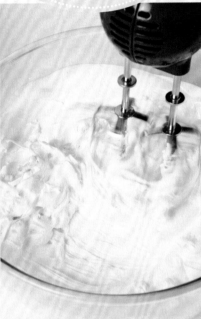

Retire el merengue de la fuente de calor
y continúe batiendo hasta que se enfríe
a temperatura ambiente y se espese.
Añada la mantequilla en porciones
pequeñas y bata bien entre cada adición.
Incluya la vainilla y bata bien hasta
que quede totalmente incorporada.

PARA PREPARAR CREMA DE MANTEQUILLA AL MERENGUE CON CHOCOLATE

Agregue 190 g de chocolate negro
(70 % de sólidos de cacao) derretido a la crema
de mantequilla de merengue suizo. Bata con
una batidora eléctrica manual hasta que la
crema presente un aspecto sedoso y liso.

BOCADITOS DE CHOCOLATE PARA ADVIENTO

Para 48 madalenas mini

INGREDIENTES

125 g de mantequilla

175 g de azúcar moreno claro

3 huevos medianos

100 g de chocolate negro (70 % de sólidos de cacao) derretido y enfriado

2 cucharaditas de extracto de vainilla

70 g de harina

50 g de cerezas secas remojadas en 2 cucharadas de ron durante 1 hora

50 g de cerezas confitadas limpias y picadas

ralladura de 1 naranja

1 cantidad de crema de mantequilla de merengue de chocolate (véase pág. 125)

purpurina dorada comestible

TAMBIÉN NECESITARÁ

2 moldes para madalenas mini de 24 cavidades

cápsulas para madalenas miniatura

manga pastelera desechable con boquilla 2D

Precaliente el horno a 160 °C. Coloque las cápsulas en las cavidades de los moldes para madalena.

Servimos por primera vez estos pequeños bocaditos de Adviento en la clase magistral navideña anual que impartimos en el hotel Dorchester, en Londres, y contribuyeron a la puesta en escena de un ambiente navideño. Resultan deliciosos a la vez que delicados.

Utilice la mantequilla, el azúcar, los huevos, el chocolate, el extracto de vainilla y la harina para preparar la mezcla para el pastel siguiendo el método de las páginas 38-41.

Incorpore a la masa las cerezas, el ron restante y la ralladura de naranja. Viértala a cucharadas en una manga pastelera desechable y corte la punta.

Reparta la masa en las cápsulas de madalena hasta llenar las tres cuartas partes de su capacidad. Introdúzcalas en el horno precalentado 10 minutos.

Transfiera los moldes a una rejilla, deje que se enfríen y saque las madalenas del molde para colocarlas sobre la rejilla hasta que se enfríen del todo.

Llene una manga desechable con una boquilla 2D con crema de mantequilla de merengue de chocolate hasta la mitad. Dibuje un remolino generoso de crema de mantequilla encima de cada madalena.

Sostenga la boquilla de forma vertical sobre la madalena. Comience en el centro y dirija la manga hacia el exterior y hacia arriba hasta cubrir la superficie. Termine liberando la presión y acabe con un giro rápido. Espolvoree las madalenas con purpurina dorada.

Conservación: Guarde las madalenas hasta tres días en un recipiente hermético a temperatura ambiente.

VARIANTE

Incorpore 2 cucharadas de ron y 2 cucharaditas de canela molida a la crema de mantequilla de merengue suizo (véase pág. 124) y termine espolvoreando canela molida.

PASTEL DE CHOCOLATE CON TEJIDO DE CESTA

La técnica para esta cobertura es mucho más simple de lo que parece: conseguir un resultado espectacular es sencillo con un poco de práctica. Como variante, utilice una crema de mantequilla de merengue suizo sobre un pastel de vainilla, limón o naranja y decórelo con frutos rojos.

Para preparar un pastel decorado de 20 cm

INGREDIENTES

1 pastel de chocolate redondo de 20 cm (*véanse* págs. 38-41 y 82)

2 cantidades de crema de mantequilla de merengue de chocolate (*véase* pág. 125)

40-50 trufas de chocolate

TAMBIÉN NECESITARÁ

mangas desechables

una boquilla del n.º 4 y una del n.º 47

Enmascare el pastel de chocolate con crema de mantequilla al merengue suizo siguiendo la técnica de la página 107.

Llene dos mangas pasteleras desechables, una con la boquilla lisa del n.º 4 y la otra con la boquilla ondulada del n.º 47, con crema de mantequilla de merengue de chocolate.

Comience dibujando una línea vertical con la boquilla del n.º 4 desde el borde superior del pastel hasta la base. Sostenga la boquilla con el rizo hacia fuera y la cara lisa hacia el pastel. Haga líneas horizontales de unos 2 cm sobre la línea vertical de izquierda a derecha con un doblez al inicio y un corte rápido al final. Estas líneas deben colocarse a intervalos a lo ancho del pastel

de la misma anchura que la línea ondulada trazada. Dosifique una segunda línea vertical que cubra los extremos de las primeras líneas onduladas.

Con la boquilla ondulada, trace una segunda fila de tiras onduladas entre las primeras, comprobando que el inicio de cada una toca la línea vertical previamente trazada, pero no la tapa. Repita el proceso alrededor del pastel hasta que los lados queden del todo cubiertos y decorados. Coloque sus trufas favoritas sobre el pastel.

Conservación: Guarde el pastel en un recipiente para pasteles a temperatura ambiente y consúmalo antes de tres días.

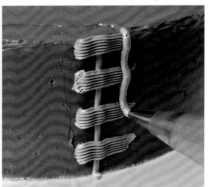

CONSEJOS DE MICH

1 Mantenga la presión mientras trabaja alrededor del pastel para que las líneas verticales y las tiras onduladas sean iguales. Compruebe que las filas y las columnas queden rectas mientras trabaja alrededor del pastel para que el diseño sea uniforme.

2 Comience en el reverso del pastel para que cualquier discrepancia en la unión quede escondida.

17   Glaseado real

El glaseado real se prepara con azúcar lustre y clara de huevo. La fuerza de la albúmina (la proteína de la clara de huevo) permite que el glaseado se pueda batir para que resulte maravillosamente maleable y brillante, viscoso y elástico, con lo que se puede usar para recubrir y decorar pasteles. El glaseado se solidifica y queda duro y algo quebradizo cuando se seca. Ha constituido la cobertura tradicional de los pasteles de boda desde mediados del siglo XIX, cuando para la realeza y la nobleza esta cobertura era símbolo de riqueza y pureza. Hoy en día, resulta más habitual emplear glaseado listo para extender, también conocido como pasta de azúcar o *fondant* (no confundir con el *fondant* para verter), para decorar después los pasteles con glaseado real aplicado a mano.

Para preparar 1,5 kg

INGREDIENTES

7 claras de huevo (frescas
  o ligeramente pasteurizadas)

1 kg, aproximadamente, de azúcar lustre

zumo recién exprimido de 2 limones

Antes de comenzar a preparar el glaseado real, deje las claras de huevo durante 1 hora en el cuenco de una batidora eléctrica, cubiertas con un paño limpio, para que alcancen la temperatura ambiente. Una vez atemperadas, comience batiendo a velocidad lenta. Incremente la velocidad hasta que las claras formen picos blandos.

Cuando los picos blandos sean claramente visibles, detenga la batidora y añada el azúcar lustre. Bata a velocidad muy lenta hasta que el azúcar lustre quede incorporado, y, a continuación, a velocidad alta hasta que el glaseado esté denso, brillante y aireado, y tenga la consistencia de la crema de leche recién montada.

«*Añada el zumo de limón colado para eliminar cualquier pepita o restos de pulpa*».

Pase el zumo de limón por un tamiz y añádalo al cuenco. Continúe batiendo durante 2 minutos. El glaseado debería quedar brillante, espeso y maravillosamente denso.

Conservación: El glaseado real terminado se conserva en un recipiente hermético hasta siete días. Bata diariamente antes de usarlo.

CONSEJOS DE MICH

1 El glaseado real es económico. Yo lo preparo en cantidades lo bastante grandes para que resulte práctico batirlo en una batidora eléctrica. Las cantidades más pequeñas no son adecuadas para este tamaño de equipo.

2 Busque envases de clara de huevo pasteurizada en la sección de refrigerados del supermercado. Son seguras; caducan en un mes antes de abrir y en siete días una vez abiertas, si se mantienen en la nevera. También pueden congelarse y descongelarse según sea necesario. Suelen ser más económicas que los huevos frescos, más seguras y de uso más sencillo.

3 El zumo de limón refuerza el glaseado, ayuda a blanquearlo y le aporta un sabor sutil.

4 Una vez preparado el glaseado real, si presenta un aspecto granuloso o demasiado rígido, añada un poco más de clara de huevo y continúe batiendo durante dos minutos a velocidad alta.

COLOREADO

Cuando el glaseado real alcance la consistencia correcta, puede añadirle el colorante. Transfiera la cantidad deseada a un cuenco aparte. Agregue gel colorante con un palillo. Comience con una cantidad pequeña e incorpórelo al glaseado con el reverso de una cuchara para evitar que queden burbujas de aire. Añada más gel colorante para incrementar la concentración del color o mezcle colores para lograr la tonalidad deseada. El colorante debe distribuirse de manera uniforme. Cubra el cuenco con un paño húmedo y limpio o pase el glaseado a un recipiente hermético.

CONSEJO DE MICH

El glaseado real comenzará a secarse y formar una corteza en cuanto se exponga al aire. Acuérdese de tapar el cuenco que lo contiene con un paño limpio y húmedo o páselo a un recipiente hermético.

«Trabaje únicamente con glaseado real preparado con clara de huevo no diluida con agua».

PARA FLUIDIFICAR

Añada un poco de agua fría, una gota a la vez, al glaseado coloreado para fluidificarlo de manera que se pueda utilizar para escribir, hacer rellenos y formas (*véanse* págs. 182-183). Agregue el agua hasta que el glaseado caiga y forme una cinta que sea visible, pero que queda incorporada antes de que haya acabado de contar hasta diez.

GLICERINA PARA RECUBRIR

El glaseado real puede emplearse para recubrir pasteles. Es aconsejable incluir una cucharada de glicerina a cada preparación de glaseado real. De esta manera se asegurará de que se solidifica, pero que al mismo tiempo puede cortarse con un cuchillo, y evitará que sea demasiado frágil o quebradizo.

«No espese un glaseado fluido con más azúcar lustre para poderlo trabajar con la manga. Tendrá poca albúmina y obtendrá un glaseado blando y poco consistente».

Recubrir y montar

Para una ocasión especial, los pasteles pueden rellenarse o recubrirse con mazapán, **pasta de azúcar**, chocolate, *fondant* o glaseado real para obtener un lienzo blanco perfecto antes de adornarlo con intrincados motivos aplicados **manualmente** con manga, pincelados o modelados. En este capítulo, le mostraré cómo lograr un acabado impecable y **profesional** con los recubrimientos para crear el pastel perfecto. Tenga **paciencia**: los resultados mejoran con la práctica.

1 Preparar mazapán/pasta de almendra para recubrir

El mazapán o pasta de almendra es un ingrediente muy versátil para recubrir pasteles. Se prepara a partir de almendras molidas y azúcar. Busque el mazapán de la mejor calidad posible: hasta 36 % de almendra molida sin adición de colorante o aromatizante.

NECESITARÁ

Mazapán
Azúcar lustre
Rodillo
Llana para alisar

Es importante amasar el mazapán para que quede manejable, blando y listo para extender sobre el pastel y recubrirlo con facilidad. Comience a amasarlo girándolo en el sentido de las agujas del reloj, llevando el borde exterior hacia el centro y presionando con las yemas de los dedos. Evite usar la palma de la mano, pues esta imprime demasiada presión e introducirá burbujas de aire. Cuando el mazapán esté preparado para extender, tendrá un tacto blando y maleable, no pegajoso, y podrá formar con él una bola lisa.

Gire el mazapán para que los pliegues queden en la cara inferior. Ahora está listo.

✗ Lo que no debe hacer

No espolvoree la superficie de trabajo con azúcar lustre antes de comenzar. Con ello solo secará el mazapán y facilitará la formación de grietas; además, el mazapán quedará demasiado dulce y en climas cálidos, o manipulado con manos muy calientes, se volverá pegajoso.

No gire el mazapán ni lo estire y doble mientras lo amasa. Estos gestos introducirían pliegues y dobleces en el mazapán, que más adelante formaría arrugas, desgarros o burbujas de aire al extenderlo.

Si el mazapán presenta una textura pegajosa al extenderlo, espolvoree un poco de azúcar lustre sobre sus manos y recubra el rodillo de amasar con él.

VENTAJAS DEL USO DE MAZAPÁN

1 El aceite natural de las almendras ayuda a retener la humedad de los pasteles, ya que actúa como barrera impermeable al agua, lo que evita que el pastel se seque.

2 El mazapán se seca para proporcionar una forma y estructura firmes al pastel, que aumenta su estabilidad antes de recubrirlo definitivamente. Por ello resulta esencial en pasteles de varias capas o pisos.

3 El mazapán se utiliza para recubrir pasteles y evitar que el color del pastel sea visible a través de la capa de cobertura. Resulta sobre todo indicado en un pastel de frutas con glaseado real.

4 Se complementa bien con otros sabores para reforzar el sabor global.

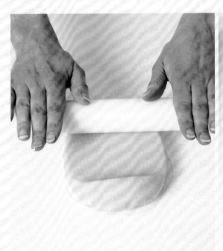  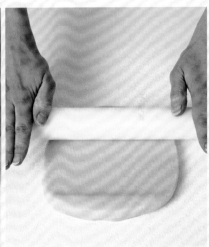

En esta etapa, espolvoree la superficie de trabajo con una gran cantidad de azúcar lustre. Solo debería extender el mazapán una vez, así que asegúrese de que no se pegue. Ponga el mazapán en el centro de la superficie de trabajo después de comprobar que dispone del suficiente espacio para extenderlo en una lámina del tamaño deseado. Sujete el rodillo con ambas manos y comience a extenderlo con movimientos cortos e intensos.

Es importante girar el mazapán 90 grados después de unos cuantos movimientos para asegurarse de que lo extiende de manera uniforme y que conserva la forma. Mantenga el mazapán en contacto con la superficie de trabajo utilizando ambas manos para moverlo. No le dé la vuelta.

Continúe extendiéndolo hasta alcanzar el tamaño deseado. Cuando la plancha adquiera un mayor tamaño, utilice las manos y los brazos hasta el codo para asegurarse de que lo extiende de manera uniforme y que no crea montículos al extenderlo.

Almacene el mazapán a temperatura ambiente en una bolsa cerrada para evitar que se seque y se desmigaje.

«Es importante saber manipular el mazapán para obtener los mejores resultados»

✖ Lo que no debe hacer

Cuando comience a extender el mazapán, no lo extienda solo en una dirección. Con ello le dará una forma alargada y estrecha que no es conveniente para recubrir un pastel.

No presione el rodillo al extender. La presión produce montículos en el mazapán. Practique para conferir un movimiento uniforme y prolongado con el rodillo de modo que el mazapán quede liso.

No dé la vuelta al mazapán al extenderlo, pues con ello incorporaría demasiado azúcar lustre y formaría arrugas en la superficie, desecándolo.

No sobrepase con el rodillo el borde del mazapán hacia la superficie de trabajo. Deformaría el mazapán y le daría una medida falsa del grosor, pues resultaría mucho más fino en los bordes.

CONSEJO DE MICH

Si no le gusta el mazapán o le produce alergia, puede recubrir un pastel de fiesta con dos capas de glaseado ligeramente más diluido. Para una tarta nupcial, sustituya un piso por otro falso y decórelo; hornee otro pastel aparte, adornándolo y sirviéndolo con una única capa de glaseado.

《Intente obtener un mazapán con un grosor de al menos 4 mm: si es demasiado fino, se rasgará》.

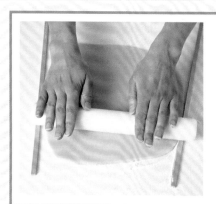

CONSEJO DE MICH

Para una mayor seguridad, coloque espaciadores a ambos lados del mazapán, que actúan como guía para el rodillo y facilitan que el grosor sea uniforme.

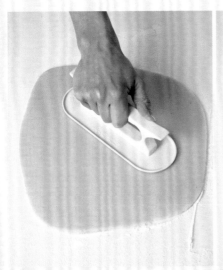

Pase una llana
por la superficie del
mazapán para alisarlo.
De esta manera se asegurará
de que el mazapán es
uniforme y liso antes de
utilizarlo para recubrir
el pastel.

Cuando el mazapán tenga el tamaño correcto, compruebe que no está adherido a la superficie de trabajo y puede separarse y, con decisión, pase una llana por la superficie. De esta manera le dará una mayor uniformidad y alisará cualquier protuberancia.

Con una mano levante el mazapán frente a usted; pase el otro brazo extendido, con la palma abierta hacia arriba, por debajo del mazapán para sujetarlo.

Coloque el otro brazo y la palma bajo el mazapán, junto al primero, y extienda los dedos para aumentar la superficie de apoyo. Ahora está listo para levantar el mazapán de la superficie de trabajo y ponerlo encima del pastel.

2 Recubrir con mazapán

El pastel, ya horneado, debe estar frío antes de recubrirlo con mazapán. El calor remanente del pastel generará humedad bajo la capa de mazapán, lo que favorecerá el desarrollo de mohos y bacterias. Asimismo, los pasteles deben nivelarse e igualarse para que su superficie sea uniforme y estable y esté lista para recubrirse con mazapán.

INGREDIENTES

1 pastel redondo de 15 cm

500 g de mazapán, preparado para recubrir (*véanse* págs. 136-139)

confitura de albaricoque, tamizada y hervida

TAMBIÉN NECESITARÁ

1 base para pastel de 15 cm

llana para alisar de bordes redondeados

llana para alisar de bordes rectos

Nota: Necesitará 750 g para recubrir un pastel redondo de 20 cm y 1 kg para un pastel redondo de 25 cm

Coloque el pastel nivelado e igualado invertido sobre una base del mismo tamaño. Extienda un cordón de mazapán en el hueco que quede entre el borde del pastel y la base, y presiónelo. Rellene también con trocitos de mazapán cualquier hueco de la superficie o los lados del pastel.

Pincele el pastel con abundante confitura de albaricoque hervida. Contribuirá a que el mazapán se adhiera al pastel y actuará como antiséptico para el pastel, y al tener poco sabor y aroma no afectará al sabor global.

Levante el mazapán preparado encima del pastel, cerca de la superficie, y deposítelo sobre él de manera que primero entre en contacto el centro del pastel con el mazapán y el resto cuelgue por los lados.

Presione para dar forma alrededor del borde superior del pastel, donde cae hacia los lados, a fin de proteger los bordes y evitar que se agriete. Con una mano, extienda el mazapán mientras la otra lo presiona hacia el pastel con un movimiento ascendente y firme para adherirlo a la confitura y al pastel. Continúe recubriendo las paredes con el mazapán y adhiriéndolo con la confitura hasta que termine de manipular todo el perímetro y llegue hasta la base.

Utilice un cuchillo afilado pequeño, sosteniéndolo verticalmente, para recortar el exceso de mazapán alrededor de la base del pastel, y no deje más de unos 2,5 cm de margen.

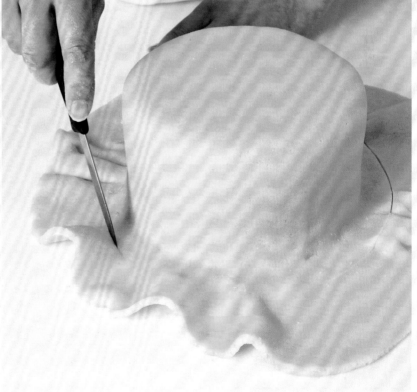

Deslice el cuchillo por debajo del pastel y su base, y levante el pastel. Los de menos de 20 cm pueden sostenerse con las yemas de los dedos para transmitir el peso a todo el brazo, pero no con la palma con la muñeca doblada. Los pasteles de más de 25 cm deben colocarse sobre un soporte giratorio.

Sujete la llana de bordes redondos de forma vertical y alise el mazapán hasta que los lados queden totalmente perpendiculares a la base y estén lisos del todo.

Con el cuchillo afilado y la hoja alejada de usted, corte el mazapán de manera limpia bajo la base del pastel mientras la gira para lograr un acabado liso, limpio y profesional.

Utilice la llana de bordes rectos para suavizar el borde cortado del mazapán y sellarlo suavemente; vaya con mucho cuidado para no presionar demasiado, ya que entonces volvería a dar forma al mazapán.

Coloque el pastel sobre una tabla de trabajo limpia y sujete con una mano una llana para la superficie (llana de bordes redondos) y con la otra, para los lados (llana de bordes rectos).

Pase ambas manos sobre el borde superior del pastel, trabajando alrededor de él para unir esta parte y los lados. El pastel estará listo para aplicar una capa de pasta de azúcar (véase pág. 145). glaseado real (véanse págs. 152-153) o chocolate (véase pág. 111).

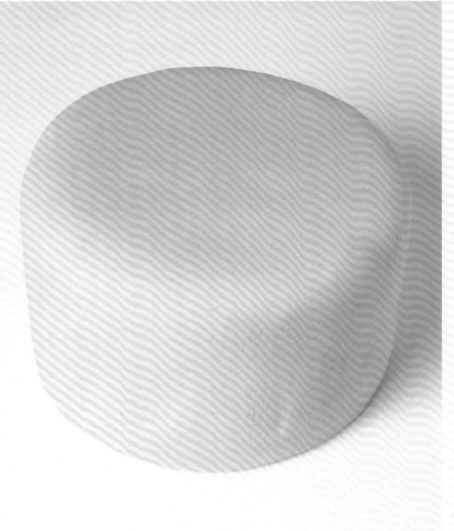

¿QUÉ PUEDE SALIR MAL?

BURBUJAS DE AIRE
☀ No ha amasado el mazapán lo suficiente.
   Remedio: Puede volver a amasar y extender el mazapán, o bien romper las burbujas de aire con un utensilio de modelado, sacar el aire y volver a presionar el mazapán para sellarlo.

GRIETAS EN LOS BORDES
☀ No ha amasado el mazapán lo suficiente, el mazapán está frío en exceso.
☀ El mazapán es demasiado fino.
☀ Hay demasiado azúcar lustre en el mazapán o en la superficie.
   Remedio: Frote los bordes con las manos calientes.

LAS PAREDES NO SON RECTAS
☀ Tienen forma de A: el mazapán es demasiado grueso o no ha alisado los lados lo suficiente.
   Remedio: Continúe utilizando la llana hasta que los lados queden rectos.

☀ Son bulbosas: ha utilizado demasiada crema de mantequilla en el pastel.
   Remedio: Retire el mazapán y quite el exceso de crema de mantequilla del pastel; luego vuelva a recubrirlo.

3 Colorear la pasta de azúcar

La pasta de azúcar se encuentra disponible en todo un espectro de colores, pero para mayor variedad, puede hacer su propia mezcla con geles de colores comestibles hasta alcanzar la tonalidad deseada. Estos geles son colores concentrados que no secan la pasta. En cambio, los colores líquidos o sólidos no suelen tener la intensidad suficiente para teñir la pasta de azúcar antes de alcanzar la saturación y suelen volver la masa muy pegajosa o secarla en exceso.

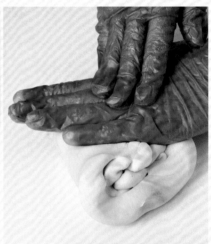

NECESITARÁ

1 paquete de pasta de azúcar preparada

geles de colores comestibles a su elección

guantes desechables

CONSEJOS DE MICH

1 Es una buena idea llevar guantes para colorear la pasta de azúcar, pues los geles coloreados son muy concentrados y manchan la piel.

2 La pasta de azúcar coloreada tiende a secarse y conferir un tono más oscuro, mientras que algunos colores son susceptibles a la decoloración. Cubra los pasteles y soportes al mismo tiempo para asegurarse de que tengan una intensidad similar.

Amase la pasta de azúcar hasta que esté blanda y manejable. De esta manera facilitará la adición del color. Póngase unos guantes desechables, sumerja un palillo en el colorante concentrado y páselo sobre la superficie de la pasta de azúcar. Comience con una cantidad pequeña, ya que siempre podrá añadir más. Empiece amasando la pasta de azúcar de la misma manera que lo haría con el mazapán (*véase pág. 136*). No utilice azúcar lustre en esta etapa, pues ello resecaría la pasta.

Continúe amasando con la parte superior de la palma de la mano para evitar que la pasta se vuelva pegajosa. Trabaje con intensidad para impedir que la pasta se seque y para incorporar el color de manera efectiva. Corte la bola de pasta por la mitad para comprobar que el color ha quedado distribuido de manera uniforme. Siga, si es necesario, hasta que el color quede igualado.

Conservación: Envuelva el sobrante de pasta de azúcar con una bolsa de plástico para evitar que se forme una corteza en la superficie y que la masa pierda color. Se conserva hasta tres meses.

4 Recubrir un pastel con pasta de azúcar

La pasta de azúcar es una cobertura preparada para extender y está compuesta por azúcar lustre, glucosa, aceite vegetal y goma. Su contenido calórico es similar al del mazapán y es maravillosa para aplicar la decoración a mano con manga, para pincelar su superficie o decorarla. En cuanto entra en contacto con el aire se genera una corteza, que puede cortarse con un cuchillo sin partirse en esquirlas o sin aplanarse.

  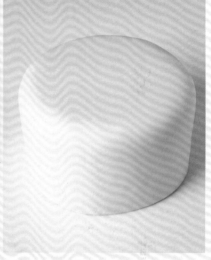

Para recubrir un pastel redondo
de 15 cm

INGREDIENTES

500 g de pasta de azúcar

Los pasteles deben recubrirse con mazapán antes de añadir la capa superior de pasta de azúcar. Cuando ya tiene la capa de mazapán, se puede recubrir el pastel con pasta de azúcar enseguida o esperar toda la noche para que adquiera mayor firmeza.

Prepare la pasta de azúcar como el mazapán (*véase pág. 136*). Pincele el pastel con *brandy*, vodka o agua hervida y fría. Esto contribuirá a que la pasta se adhiera al pastel, actuará como antiséptico y le aportará poco sabor y color. Levante la cobertura hasta que quede sobre el pastel, manteniéndola cerca de la superficie, y deje que cuelgue por los lados; asegúrese de que el centro entre en contacto en primer lugar con la pasta.

Alise y dé forma a la cobertura con las llanas de borde redondo y recto, como se indica en las páginas 142-143. Antes de añadir adornos adicionales, deje que durante toda la noche el pastel preparado se seque y adquiera firmeza.

RECUBRIR PASTELES INDIVIDUALES

Un pastel individual perfectamente decorado y presentado puede ser la cumbre de la sofisticación y le permitirá exhibir sus habilidades en la decoración de pasteles. Además puede ser un regalo perfecto; puede ponerlo en una caja con cinta, etiquetarlo y llevarlo así a una fiesta o reunión social. Corte los pasteles de una plancha grande horneada y fría con un cortapastas redondo o un cuchillo de sierra y una regla (en el caso de los pasteles cuadrados). De esta manera estarán siempre esponjosos. Las porciones de menos de 10 cm de diámetro deberían recortarse de una plancha de mayor tamaño. Para facilitar el trabajo de corte, es mejor que el pastel esté frío.

RECUBRIR PASTELES INDIVIDUALES REDONDOS DE 5 CM

Pincele los pasteles con confitura de albaricoque tamizada y hervida. Extienda una plancha de pasta de azúcar dándole 4 mm de grosor. Con un cortador de pizza, divida la pasta en cuadrados más pequeños y del tamaño adecuado para recubrir la parte superior y las paredes de los pasteles individuales (véase nota inferior). Ponga la pasta sobre la parte superior y los lados del pastel.

Acompañe la pasta con las manos para alisarla y adherirla hasta la base. Utilice un cortador 1 cm más grande que el pastel para cortar. Páselo por la superficie y presiónelo con firmeza para cortar a través de la pasta.

Nota: Calcule unos 50-100 g de pasta de azúcar por pastel, dependiendo del grosor. Cada cuadrado debería tener unos 10 cm de lado para cubrir un pastel de 5 cm.

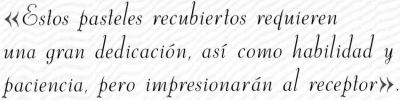

«*Estos pasteles recubiertos requieren una gran dedicación, así como habilidad y paciencia, pero impresionarán al receptor*».

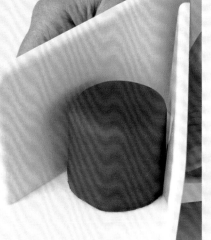

Elimine el exceso de pasta alrededor del pastel. Utilice dos llanas de paredes rectas para adherir, alisar y rectificar los lados del pastel realizando con ellos un movimiento de vaivén. Presione la parte superior del pastel para aplanarla y nivelarla. Con ello, el pastel ya estará listo para decorar. Deje que adquiera más firmeza antes de fijar una cinta alrededor de la base.

Para un acabado impecable, cubra los pasteles con una capa base de mazapán y repita el proceso con pasta de azúcar.

RECUBRIR PASTELES INDIVIDUALES CUADRADOS

Recorte pasteles cuadrados de 4-5 cm de largo utilizando una regla. Pincélelos con confitura de albaricoque tamizada y hervida. Extienda una lámina de pasta de azúcar de 4 mm de grosor y con un cortador de pizza giratorio divídala en cuadrados

lo suficientemente grandes para recubrir la parte superior y los lados de los pasteles individuales. Ponga la pasta de azúcar sobre la parte superior y los lados del pastel. Presione con dos llanas de bordes rectos los lados opuestos del pastel. Repita la

operación con los dos lados restantes. Con un cuchillo afilado, recorte la pasta lo más cerca de la base posible. El pastel preparado ya estará listo para decorar. Deje que repose y se endurezca antes de fijar una cinta alrededor de la base.

5 Recubrir una base con pasta de azúcar y cinta

Para obtener un acabado profesional en cualquier pastel decorado, hay que recubrir una base para pastel con pasta de azúcar. Puede hacerse con el mismo color que el pastel o con un color que contraste. Los pasteles individuales o de formas distintas son impresionantes dispuestos sobre un soporte redondo o cuadrado de mayor tamaño y recubiertos con un color que contraste, sobre el que se puede pincelar o escribir un mensaje personalizado. Es preferible recubrir las bases al menos un día antes de poner los pasteles encima para darles tiempo a que adquieran firmeza y se endurezcan a fin de que no se deformen o marquen. Las bases suelen tener unos 12 mm de grosor. Intente extender la pasta de azúcar hasta obtener un grosor de 3 mm para que una cinta de 15 mm fijada alrededor de la base quede al mismo nivel que la pasta de azúcar.

RECUBRIR UNA BASE PARA PASTEL

Pincele la superficie de la base con agua hervida y enfriada. Extienda una capa de pasta de azúcar del tamaño necesario para recubrir la base, que no tenga un grosor superior a los 3 mm; alise su superficie con una llana. Póngala sobre el soporte.

A continuación, aplane y nivele su superficie con una llana. Recorte el exceso de pasta para dejar un margen de 2 cm alrededor de la base.

Levante la base y sujétela con una mano bajo el soporte mientras sostiene con la otra un pequeño cuchillo afilado, con el filo alejado de usted. Con el cuchillo en contacto con el lado de la base, rote esta hacia usted mientras desliza el cuchillo a través de la pasta de azúcar para obtener un acabado limpio. Limpie el cuchillo entre cortes para evitar los restos de glaseado sobre la base. Alise el borde con un alisador de bordes lisos. Deje que adquiera firmeza durante la noche.

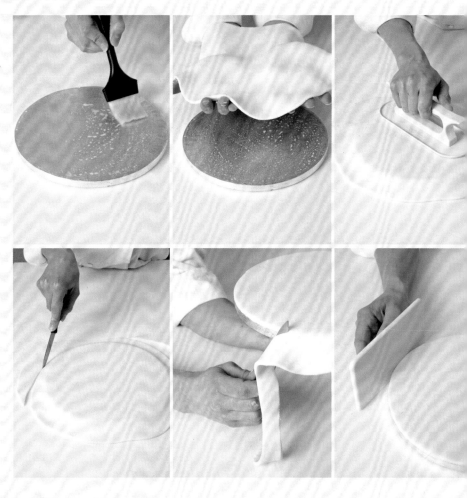

AÑADIR UNA CINTA

Pase una **barra adhesiva** alrededor de la base de pastel; coloque la base sobre una superficie de trabajo limpia y fije una cinta de 15 mm comprobando

que queda bien alineada con la base, sin sobrepasarla por encima ni quedar doblada por debajo. Selle el extremo con barra adhesiva.

Extienda un poco de glaseado real en el centro de la base recubierta. Deslice el pastel hasta que quede en la posición correcta, ya sea centrado o no. Utilice una regla para verificarlo.

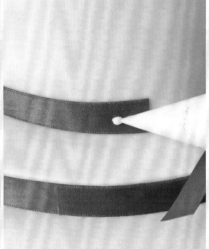

Adhiera una cinta alrededor de la base del pastel para mejorar la unión a la parte inferior. Aplique un poco de glaseado real en la parte posterior del pastel y presione la cinta sobre el glaseado; asegúrese de que la base de la cinta está alineada con la del pastel. Pase la cinta alrededor del pastel, aplique un punto de glaseado real en el reverso del extremo de la cinta y presione para cerrar.

El pastel preparado y encintado ya estará dispuesto sobre la base forrada y encintada, listo para decorar.

Nota: Doblar la base del pastel fijando dos de ellas juntas con cola y aplicando una cinta de 25 mm alrededor del borde crea una base más robusta e impresionante.

6 Recubrir con *fondant*

El glaseado de *fondant* es un glaseado con agua al que se añade glucosa en polvo.
Prepárelo siguiendo las instrucciones del envase. Si lo hace con agua tibia
o si lo calienta una vez preparado, será más fácil de dosificar. Procure lograr
la consistencia correcta para recubrir el dorso de una cuchara antes de proceder
a la coloración del *fondant*.

GLASEADO DE *FONDANT*

El *fondant* difiere del glaseado en que el azúcar está mezclado con glucosa en polvo adicional. Esto significa que el glaseado resultante es más espeso, pero su viscosidad le permite verterlo para recubrir la parte superior y las paredes de los pasteles en su totalidad. El glaseado suele utilizarse solo para recubrir la superficie. El *fondant* se prepara con agua recién hervida o se calienta suavemente antes de aplicarlo para que resulte más fácil de distribuir. En este punto, puede colorearse o dejarse blanco. Conforme el *fondant* se enfría, se forma una corteza y se endurece al tacto, aunque queda suave en el interior, lo que lo convierte en ideal para los pasteles ligeros (*véase pág. 224*). El glaseado se vierte, o los pasteles se sumergen en él, y es único para recubrir porciones delicadas, pequeñas y de formas intrincadas.

CONSEJOS DE MICH

1 El mazapán ayuda a proteger la miga frágil del pastel y a retener la humedad. Puede que sea necesario recubrir todo el pastel. En este caso, extienda el mazapán hasta formar una lámina muy fina de no más de 2 mm y, a continuación, recubra el pastel, dele forma y recórtelo con un cortapastas o un cuchillo afilado.

2 Prepare siempre más *fondant* del que va a necesitar. Es relativamente económico, y suele requerirse una cantidad grande para recubrir un pastel pequeño; hay que asegurarse de que quede uniforme y liso, con aspecto profesional.

Glaseado de *fondant* preparado

Manga pastelera desechable

Rejilla

Papel sulfurizado

Coloque los pasteles preparados sobre una rejilla dispuesta sobre una hoja de papel sulfurizado. Llene una manga pastelera con el glaseado de *fondant*. Aplíquelo sobre la superficie y los lados de los pasteles y compruebe que todas las esquinas y los lados queden cubiertos. Golpee con suavidad la rejilla para que el glaseado se nivele y el exceso gotee hacia la rejilla. Deje que se solidifique durante un minuto.

Recorte la base del pastel con un cuchillo afilado o un cuchillo paleta pequeño, y, a continuación, levante con cuidado el pastel de la rejilla y colóquelo bien para decorarlo o introdúzcalo en cápsulas decorativas. Deje que se seque del todo antes de añadir cualquier adorno adicional, lo que puede precisar hasta dos horas.

Antes de recubrir o sumergir los pasteles, deje que se enfríen para que queden estables y mantengan la forma. Puede que sea difícil conseguir un acabado limpio alrededor de la base de los pasteles recubiertos de *fondant*; por este motivo suelen presentarse en cápsulas decorativas.

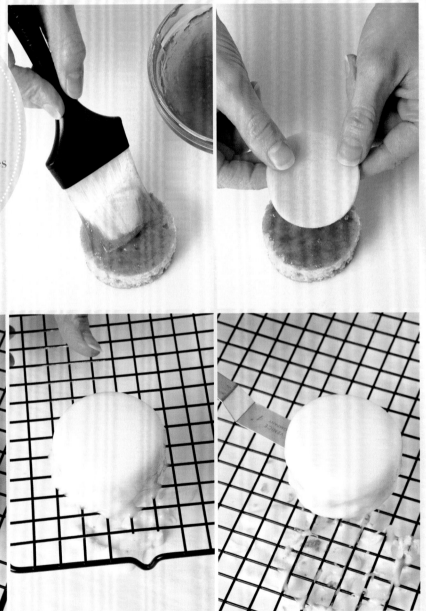

7 Recubrir con glaseado real

El glaseado real constituye una cobertura tradicional para los sustanciosos pasteles de frutas. Tiene su origen en la época victoriana, cuando el glaseado muy blanco se consideraba símbolo de opulencia, pureza y lujo. Para asegurar un recubrimiento grueso y uniforme, aplique varias capas de glaseado real durante varios días.

INGREDIENTES

1 pastel cuadrado de 15 cm

500 g de mazapán

1 cantidad de glaseado real (*véanse* págs. 130-131) preparada con 7 claras de huevo y glicerina

TAMBIÉN NECESITARÁ

cuchillo afilado pequeño

rasqueta para glasear

regla

Coloque el pastel invertido en el centro de la base de presentación; idealmente, esta debería ser unos 5-7 cm mayor que el pastel. Si es necesario, únalo con un poco de confitura de albaricoque hervida y tamizada. Fije un cordón de mazapán en el hueco que hay entre la base del pastel y el soporte. Recórtelo con un cuchillo afilado para que los lados queden rectos. Rellene también cualquier hueco de la superficie y los lados con trozos pequeños de mazapán.

Pincele un lado del pastel con confitura de albaricoque tamizada y hervida y fije un panel de mazapán de 4 mm de grosor del tamaño y la forma indicados recortada previamente. Repita la operación con todos los lados y presione las uniones para que se sellen.

Pincele la superficie del pastel con confitura. Extienda y recorte un cuadrado de mazapán de 4 mm de grosor para la cubierta. Utilice dos rasquetas de lados rectos dispuestos en ángulo recto para alisar y afinar los lados. Deje secar y solidificar durante toda la noche.

1 El glaseado real es absorbente; los colores vivos se mezclarán con el glaseado.

2 El glaseado real es laborioso, se necesitan 3 días para que todas las capas se sequen.

3 Cubra una réplica de pastel de poliestireno en vez de un bizcocho con antelación y hornee un bizcocho fresco el día antes de servirlo. Aplique el glaseado solo sobre la superficie y sirva directamente de la cocina.

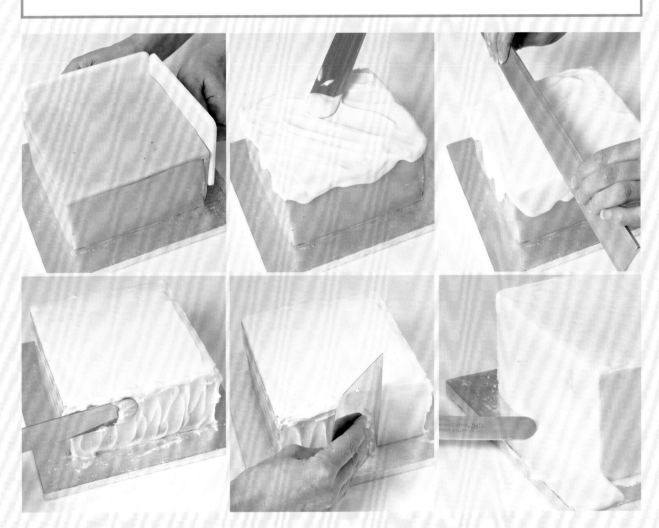

Antes de aplicar el glaseado real sobre el pastel, extiéndalo con un cuchillo paleta sobre una superficie de trabajo limpia para eliminar las burbujas de aire. Deslice una rasqueta para glasear formando un ángulo de 45 grados sobre la superficie del pastel. Es posible que necesite hacerlo varias veces para lograr un acabado liso y uniforme. Retire el exceso de glaseado de los lados del pastel con un cuchillo afilado y deje que se solidifique durante al menos cuatro horas.

Trabaje, en primer lugar, en los dos paneles laterales opuestos. Aplique el glaseado real fresco en ellos. Utilice una rasqueta para guiar el glaseado hacia usted y lograr un acabado liso y recto.

Perfile la parte superior y los lados con un cuchillo afilado. Deje que se solidifique antes de glasear las dos caras opuestas restantes. Repita todo el proceso nuevamente en la parte superior y los lados un máximo de tres veces para obtener un acabado uniforme y estable.

Termine el proceso alisando el glaseado real en la base del pastel con un cuchillo paleta redondeado. Déjelo reposar toda la noche antes de decorar el pastel.

Conservación: Almacene el glaseado real sobrante en un recipiente hermético y limpio y utilícelo antes de siete días. Mézclelo sin batir, para evitar que se introduzcan burbujas de aire, antes de cada uso.

8 Apilado centrado

El apilado de varios pisos constituye una manera impresionante de presentar
un pastel. Estos pueden ser de sabores distintos, con un resultado fantástico.
El pastel de la base siempre debe ser el más pesado para que los más delicados
puedan ponerse encima. Todos los pisos y bases deben recubrirse y secarse
la noche antes de apilarlos. Si la pasta de azúcar no se ha secado lo suficiente,
se volverá pegajosa y se desestabilizará cuando se apilen los pisos restantes.
Las varillas/palitos de soporte son puntos de apoyo internos que soportan
el piso superior anclándolo al inferior.

NECESITARÁ

1 pastel recubierto con mazapán y pasta
  de azúcar (*véanse* págs. 136-145)
varillas/palitos de soporte, 6 por piso
lápiz y regla
tijeras o alicates y un nivel

Fije el piso base en su posición sobre
la base como se muestra en la página 149.
Inserte una varilla/palito de soporte en
el centro e introdúzcalo en el pastel como
si se tratase de un tornillo. Así minimizará
el daño en su superficie.

Con un lápiz, marque el punto en el cual
la varilla se introduce en la superficie del
pastel. Coloque la mano a ambos lados
de la varilla, tal como se ilustra, para sujetar
la superficie del pastel mientras saca la
varilla con mucho cuidado y de nuevo
con un movimiento giratorio.

Las varillas/palitos
de soporte solo son
efectivas cuando tienen
la misma altura.

*«Siempre coloco un nivel encima de cada
piso una vez que he introducido las varillas
y he apilado el pastel para verificar que está
recto. Hago lo mismo con cada piso hasta
terminar el diseño».*

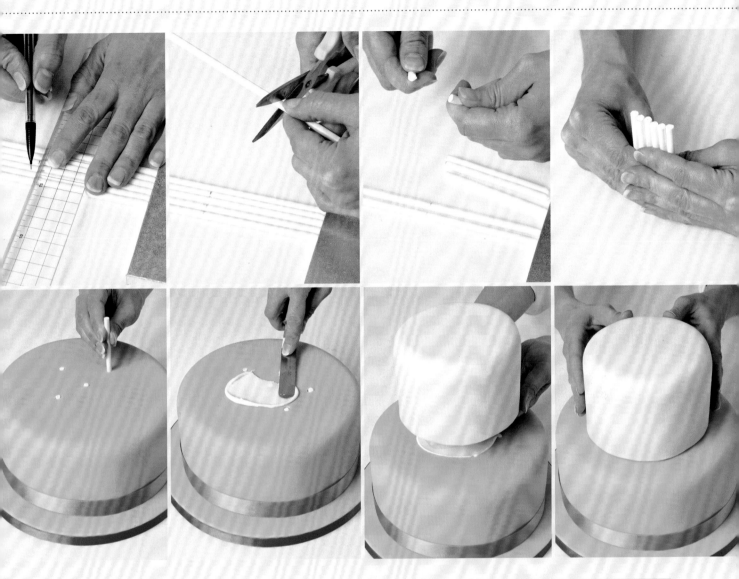

Alinee la varilla marcada con otras cinco en una tabla o superficie lisa. Utilice una regla y un lápiz para marcar en todas la misma altura de la línea previamente señalada. Sosteniendo la varilla lo más cerca posible de la marca, utilice un par de tijeras fuertes para indicar dónde se debe cortar.

Sujete con firmeza los extremos de la varilla a ambos lados de la marca y pártala en dos. Aparte los trozos que deban insertarse en el pastel. Repita la operación con las varillas restantes. Póngalas verticales y compruebe de forma visual que son justo de la misma longitud. Las varillas solo resultarán efectivas cuando tengan exactamente la misma altura.

Inserte la primera varilla en el agujero realizado previamente en el centro y compruebe que aún está al mismo nivel que la superficie del pastel. Inserte, a continuación, las varillas restantes en forma de círculo y espaciadas alrededor de la varilla central, introduciéndolas como si se tratase de tornillos; compruebe que se encuentran comprendidas dentro del diámetro del piso que se va a colocar encima. Es posible que algunas queden justo por debajo de la superficie y que otras sobresalgan ligeramente; no es un problema, ya que el piso superior se apoyará en ellas cuando se fije en su posición.

Extienda un poco de glaseado real sobre la superficie. Alce el piso que va a colocar encima. Compruebe desde todos los ángulos que está centrado sobre el piso inferior. Sujete una cinta alrededor de la base de este piso.

CONSEJO DE MICH

1 Si hay un espacio importante entre los pisos, rellénelo con glaseado real del mismo color ayudándose con una manga pastelera (sin boquilla, pero recortada para ajustarse al espacio). Déjelo secar antes de colocar la cinta.

2 Al comprobar la altura de las varillas cortadas, si alguna es demasiado larga, recórtela con tijeras o alicates hasta dejarla a la longitud deseada. Si es demasiado corta, descártela y corte una nueva.

9 Apilado descentrado

El apilado descentrado puede constituir una manera muy efectiva de presentar un pastel de dos pisos sin dar la impresión de que falta un tercero. Además, permite que la decoración caiga a modo de cascada por la parte delantera del pastel, así como escribir un mensaje en la base o en el primer piso. Los principios son los mismos que para el apilado centrado: acuérdese de introducirlo en la parte posterior del pastel, aunque no demasiado cerca del borde para evitar desestabilizarlo.

INGREDIENTES

2 pasteles redondos de distintos tamaños, cubiertos con mazapán y pasta de azúcar (*véanse* págs. 136-145)

1 base para pastel, 8 cm más grande que el diámetro del pastel mayor

TAMBIÉN NECESITARÁ

varillas/palitos de soporte, 4-8 por piso

lápiz y regla

tijeras y nivel

Fije el piso base en su posición sobre la base para pastel, desplazado hacia el fondo. Introduzca las varillas/palitos de soporte a nivel con la superficie, aunque situados en la parte trasera del pastel, siguiendo las instrucciones básicas de las páginas 154-155. Extienda un poco de glaseado real sobre las varillas y disponga el piso superior. Cuando esté bien colocado, selle la base con una cinta.

Este método asegura que un piso inferior desigual aún pueda soportar un piso superior.

«*Yo guardo los trozos de varillas descartados para aplicar geles de color al glaseado real, pasta de azúcar o crema de mantequilla*».

10   El empleo de pilares

Los pilares aportan una altura importante entre pisos, pero hay que tener mucho cuidado para que queden nivelados y dispuestos a intervalos regulares. Los pasteles cubiertos con glaseado real son muy resistentes, por lo que no resulta necesario reforzar los pisos superiores si estos son pequeños y relativamente ligeros. En cambio, los pisos cubiertos con pasta de azúcar siempre deberían llevar varillas dentro de los pilares para sostener los pisos superiores.

Para asegurarse de que los pisos superiores están nivelados, observe el pastel desde el frente y los lados. Si es necesario moverlo, levántelo con un movimiento corto y firme y vuélvalo a colocar en lugar de arrastrarlo o deslizarlo, ya que ello desestabilizaría los pilares.

Ponga una base pequeña, redonda o cuadrada, en su sitio sobre el piso inferior en el que colocará los pilares. Marque la posición de los pilares alrededor de la base. Estos pueden sujetarse directamente con glaseado real o bien marcar la posición de las varillas si se requiere soporte adicional (*véanse instrucciones para la inserción de varillas en págs. 154-155*). Retire la base central y coloque el piso superior en posición. Use un nivel para verificar que queda recto.

«Siempre resulta conveniente sujetar los pilares con glaseado para darles más estabilidad».

11 Bloques

Una manera efectiva de añadir altura a un pastel y mantener, a la vez, la estabilidad consiste en emplear bloques decorados con flores naturales o de azúcar y lazos. Las varillas separan y aguantan los pisos, pero un disco o bloque cuadrado de poliestireno dispuesto entre las varillas aumenta su superficie, lo que asegura que el pastel quede uniforme y estable. Además, puede insertar flores frescas o de azúcar y lazos en el bloque de poliestireno. La separación habitual suele ser de 2,5 cm para las flores más pequeñas, de 5 cm para una fila de rosas o de 7,5 cm para una fila doble de flores, pero siempre puede hacerlo más alto.

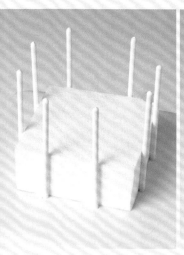 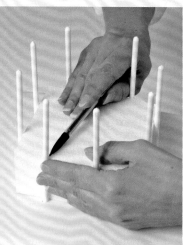 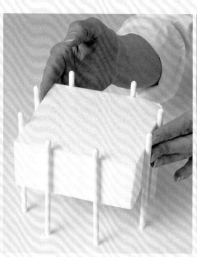 

NECESITARÁ

varillas/palitos de soporte, 8 por piso

bloque de poliestireno, 5 cm más pequeño que el diámetro de la base del piso superior (pastel o soporte, el que sea mayor)

tijeras fuertes

lápiz

Coloque el bloque de poliestireno sobre la superficie del piso inferior; mida su posición, ya sea visualmente o con una regla, para asegurar que quede centrado. Clave varillas alrededor del poliestireno e insértelas para que lo anclen introduciéndolas en el piso inferior como si las atornillara.

Marque el punto en el cual la varilla se introduce en el bloque de poliestireno. Saque el bloque de poliestireno y resérvelo. Con cuidado, extraiga las varillas una a una girándolas nuevamente.

CONSEJOS DE MICH

1 Resulta de vital importancia que las varillas se corten a la misma longitud para asegurar que el piso superior queda nivelado. Si se limita a cortarlas por el punto en que quedan niveladas con el poliestireno, obtendrá un pastel desigual e inestable.

2 Si emplea flores frescas en el bloque, le resultará más fácil decorarlo antes de colocar el piso superior en su sitio. Decore todos los bloques con las flores y después, simplemente, levántelos y colóquelos en su posición.

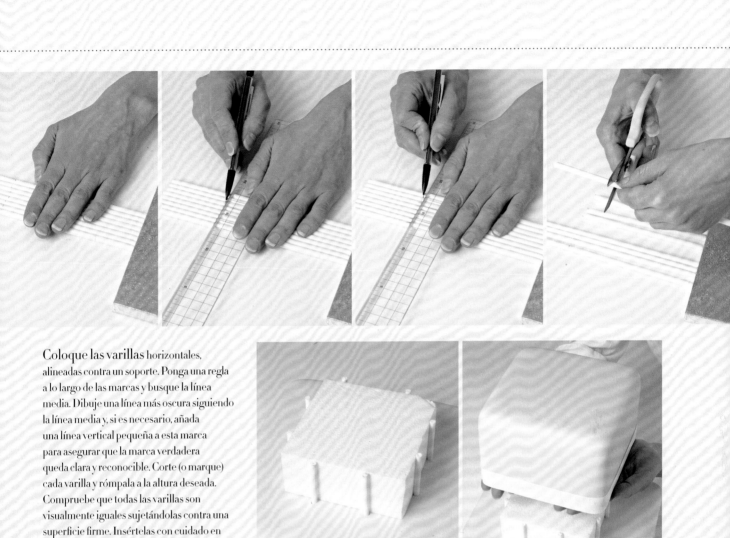

Coloque las varillas horizontales, alineadas contra un soporte. Ponga una regla a lo largo de las marcas y busque la línea media. Dibuje una línea más oscura siguiendo la línea media y, si es necesario, añada una línea vertical pequeña a esta marca para asegurar que la marca verdadera queda clara y reconocible. Corte (o marque) cada varilla y rómpala a la altura deseada. Compruebe que todas las varillas son visualmente iguales sujetándolas contra una superficie firme. Insértelas con cuidado en el pastel y coloque el bloque de poliestireno en el centro. Ponga el piso superior en posición asegurándose de que queda recto y centrado desde la parte de delante, el reverso y los lados. Por último, verifique con un nivel que el pastel está completamente horizontal. Ahora ya estará listo para decorar la parte entre los pisos.

Observe bien las varillas antes de insertarlas en el pastel para asegurarse de que tienen la misma longitud.

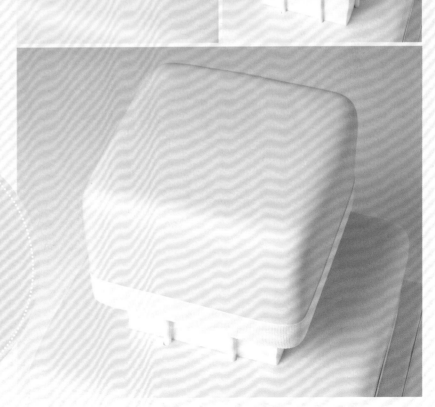

La decoración

* A MANO CON MANGA PASTELERA
* MODELADO A MANO
* PINTADO A MANO

Manga pastelera

Decorar con manga pastelera constituye una técnica más avanzada que permite aplicar el glaseado directamente sobre el pastel, sea a mano alzada o con una plantilla. También permite crear figuras y componentes de glaseado real como las mariposas de las páginas 242-243, que después se adhieren al pastel. En este capítulo pretendo mostrarle los fundamentos de la decoración con manga pastelera: cómo hacer, llenar y sujetar la manga; cómo trazar perlas y líneas rectas perfectas, de modo que su confianza aumente hasta lograr escribir mensajes y trabajar con efecto tridimensional. La práctica hace al maestro, pues no hay atajos para la experiencia.

1   Crear una manga pastelera

La manera más efectiva de aplicar a mano el glaseado real, los glaseados en general o algunos detalles de chocolate consiste en usar mangas pasteleras desechables de papel siliconado. Puede crearlas con facilidad una vez que domine la técnica, hacerlas en distintos tamaños y almacenarlas. Hágalas con hojas de papel para hornear siliconado o córtelas a partir de un rollo. Pueden usarse sin boquilla, con la punta cortada una vez llenas o con una infinidad de boquillas de muchos tamaños y formas para trazar flores, estrellas, volutas, perlas, líneas y mensajes.

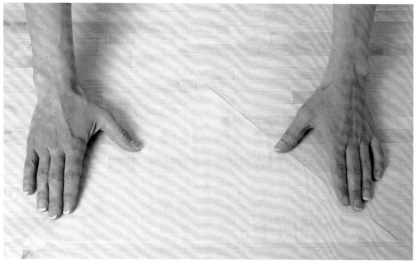

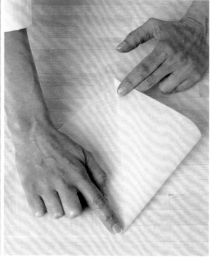

Comience preparando un triángulo (los dos lados cortos de la misma longitud) de papel de horno siliconado. La forma más sencilla de hacerlo es cortando un cuadrado de papel y doblándolo por la mitad en diagonal. Corte a lo largo de este pliegue con un cúter afilado para obtener dos triángulos iguales.

Coloque el triángulo sobre la superficie de trabajo de manera que el lado más largo quede alejado de usted y el vértice apunte hacia usted. Ponga un dedo sobre el borde del lado alargado, en la posición opuesta al vértice. Lleve la punta izquierda hacia el vértice. Formará un ángulo recto y una línea recta hacia el punto central.

Gire la punta izquierda para que el canto quede alineado con el vértice que apunte hacia usted; así comenzará a formar el cono.

«Suelo grapar las mangas para facilitar el trabajo, ya que el papel siliconado no puede pegarse».

✘ Lo que no debe hacer

Al juntar las puntas, si queda un hueco en el vértice, extienda con los pulgares la base de la manga hacia dentro y hacia usted de modo que se cierre la punta de la manga. Siempre que comience con un triángulo con todos los vértices alineados (el frontal, el central y el trasero), la manga formará un cono y un vértice perfectos.

Sujete el cono por la unión de las dos puntas. Lleve la punta superior derecha sobre el frente de la manga y gírela para alinearla con las dos primeras, pero por el reverso del cono. Intente asegurarse de que los bordes cortados quedan verticales y se alinean con la primera punta frente a usted. Grape el reverso, donde coinciden las tres puntas, o dóblelas para mantenerlo sujeto y sellarlo. Llene la manga con glaseado, o si utiliza una boquilla, recorte la punta de la manga antes de insertarla y llenar con glaseado.

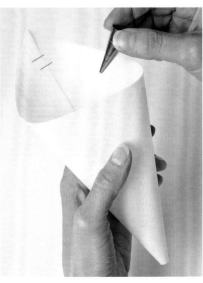

2 Llenar una manga pastelera con glaseado real

Puede parecer básico, pero si aprende a llenar una manga correctamente evitará desperdiciar mangas, que estas se abran y que el glaseado salga alrededor de la boquilla. Compruebe que la manga se ha hecho a partir de un triángulo de papel siliconado para obtener la máxima resistencia y la forma óptima.

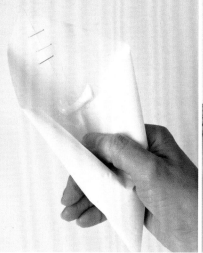

Sujete la manga en una mano con las costuras y grapas alejadas de usted. Corte la punta e inserte la boquilla (si no la emplea, no corte aún la punta). Con una cucharita, llene la manga hasta la mitad con glaseado real.

Presione el pulgar contra la manga, directamente sobre el glaseado, hasta que alcance la pared opuesta de la manga, como se muestra en la imagen. Así se asegurará de que el glaseado real se va hacia la punta y que el aire sale por los lados.

Lleve el lado izquierdo hacia dentro y doble en su posición. Mantenga el pulgar apretado sobre la glasa dentro de la manga.

✘ Lo que no debe hacer

Aunque puede parecer muy bonito doblar la manga por el borde superior una vez que está llena, es preciso expulsar antes el aire y controlar la presión del glaseado. En cuanto comience a usar la manga, el aire se moverá dentro de la bolsa y la boquilla se desplazará hacia atrás, al interior de la bolsa, por lo que el glaseado saldrá a su alrededor.

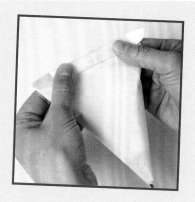

Doble el lado derecho de la manga hacia el interior, asegurándose de nuevo de que el pulgar permanece firme sobre el glaseado y de que expulsa todo el aire a través de la parte trasera de la manga.

Ahora enrolle la parte trasera de la manga hacia el glaseado, verificando que los dos lados queden bien apretados en el interior. La manga llena estará ahora lista para su uso. Corte la punta con una tijera afilada si no emplea una boquilla.

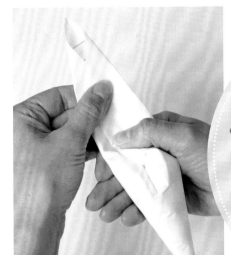

Guarde las mangas llenas dentro de una bolsa de polietileno sellada hasta el momento de utilizarla para evitar que el glaseado se seque y la boquilla se tapone.

3 Cómo aplicar el glaseado

Aprender a aplicar el glaseado le proporcionará un conocimiento que le permitirá dominar las múltiples técnicas de decoración en pastelería. Ya sean perlas, líneas, volutas o mensajes, siempre se han de seguir las mismas reglas fundamentales. Estas técnicas emplean glaseado real, cuyas viscosidades resulta importante conocer para conseguir un acabado perfecto.

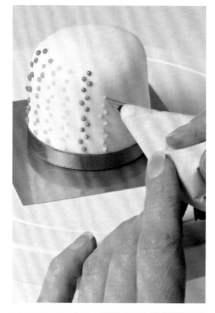

CONSEJOS DE MICH

1 Compruebe que la punta de la boquilla está limpia pasándole suavemente un paño limpio.

2 Tenga cuidado al presionar la manga. Cuanto más espeso sea el glaseado, mayor será la presión que deberá ejercer y más lento será el proceso de aplicación. Cuanto más blanda sea la glasa, menor será la presión y mayor la velocidad. ¡No hay atajos para la experiencia!

3 El glaseado real debe ser duro, aunque brillante y maleable. Debe tener la consistencia de la crema de leche recién montada. Si es demasiado líquida, la decoración aplicada no mantendrá la forma. Si es demasiado rígida, los adornos serán frágiles y se romperán con facilidad.

4 Prepare una serie de mangas, más de las que crea necesitar, antes de comenzar el proceso de decoración.

5 Verifique que las boquillas están escrupulosamente limpias y sin glaseado de otro color antes de llenarlas con otro glaseado. Guarde las mangas llenas dentro de una bolsa de polietileno sellada para evitar que las puntas se sequen. Puede conservar el glaseado real en un recipiente hermético hasta siete días, pero remuévalo bien antes de usarla. Con el tiempo, perderá consistencia al perder el aire, ya que las claras de huevo envejecen.

Las mangas deben sujetarse en la mano con la que escribe. Sostenga la punta entre la palma y el índice, con el pulgar apoyado en el reverso o la base de la manga. Trabaje siempre con dos manos; la que no sujeta la manga puede ayudarle a guiarla. Se fuerza a la glasa a salir a través de una boquilla en la manga por extrusión (la aplicación de presión para forzar la salida a la vez que la manga se ve empujada hacia usted).

Resulta importante bajar la punta al inicio y al final de cualquier movimiento como el de trazar líneas o mensajes, o por el contrario, levántela para permitir que el glaseado caiga en posición.

Una vez dominada la técnica, puede utilizar el glaseado coloreado para decorar pasteles con columnas de perlas de glaseado real.

No estruje la manga pastelera con sus dedos. El pulgar aplica la presión, mientras que los dedos se utilizan para seguir la dirección.

La perla de glaseado perfecta puede parecer la más simple de las decoraciones aplicadas a mano, pero es una de las más difíciles de dominar. Siga mis consejos más abajo para practicar y perfeccionar su técnica. Para este pastel he utilizado glaseado real preparado con azúcar lustre sin refinar (*véanse* págs. 130-133). Tiene un color y un sabor natural acaramelado.

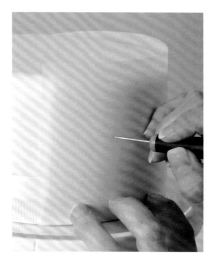

Recubra el pastel el día anterior para asegurar que la consistencia sea firme, se ha solidificado y está seco. Coloque la plantilla sobre el pastel y marque el diseño sobre él con un punzón.

Coloque una boquilla del n.º 15 en la manga y llénela con glaseado real. Ponga la boquilla sobre el primer punto marcado y presione con el pulgar. Retire la boquilla hacia usted y aléjela del pastel para que

fluya el glaseado. Libere la presión mientras une el bucle con el siguiente punto marcado. Repita el proceso. Trace una segunda fila de guirnaldas haciéndolas bajar más que la primera línea.

Aplique una única perla grande en la parte superior de cada guirnalda para tapar los puntos.

Aplique perlas de menor tamaño entre los bucles de la guirnalda alrededor del pastel.

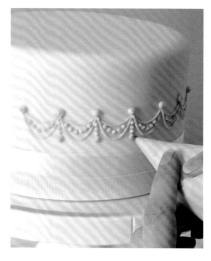

Termine con una línea vertical formada por tres perlas pequeñas que culminen en una única perla de mayor tamaño.

CONSEJOS DE MICH

1 Utilice la boquilla del número adecuado al tamaño de la perla que pretende aplicar. Si es demasiado grande, la perla no adquirirá la forma esférica deseada. Si es demasiado pequeña, necesitará mucho tiempo para terminar cada una.

2 Compruebe que sujeta la boquilla formando un ángulo de 90 grados respecto al pastel; de esta manera, el glaseado tocará el pastel y formará una base circular perfecta. Si la boquilla forma otro ángulo al ejercer la presión, el glaseado se verá forzado en otra dirección y se creará una perla desigual.

3 La boquilla debe alejarse del pastel al ejercer la presión. Así el glaseado se extruye a través de la boquilla y da una base circular perfecta a la perla. Si está demasiado cerca, la boquilla tocará el pastel y el glaseado requerirá más fuerza para salir y producirá una perla desigual. Si está demasiado alejado del pastel, el glaseado caerá por efecto de la gravedad antes de tocar el pastel.

4 Cuando la boquilla esté en posición formando el ángulo correcto y comience a presionar la manga, no mueva la boquilla hasta que haya logrado la forma y el tamaño de la perla esperados. Entonces, y solo entonces, libere la presión y retire la boquilla. A veces resulta tentador alejar la boquilla del pastel al principio del proceso. ¡NO LO HAGA!

✗ Lo que no debe hacer

El glaseado se extruye a través de la boquilla; esto significa que sale bajo presión y que la boquilla siempre debe ser empujada y nunca alejada para no contradecir las leyes de la física.

A menudo observo que se comete el error de no alejar la boquilla del pastel al trazar bucles, líneas o volutas, lo que produce líneas desiguales e irregulares.

Mover la boquilla hacia usted al trazar perlas produce conos y picos en la perla en lugar de lograr una esfera perfecta.

Tutorial Líneas verticales

Este diseño de líneas verticales es una de nuestras técnicas decorativas más representativas: el trazo de líneas paralelas con un mínimo de tres colores contrastantes permite crear un diseño sorprendente. En esta receta he decorado un pastel individual, aunque puede aplicar la misma técnica a pasteles grandes.

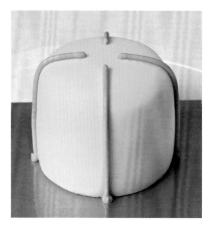

Prepare todos los colores y téngalos listos en las mangas antes de comenzar a trabajar. El glaseado real para trazar líneas puede ser algo más líquido para adherirse mejor al pastel y evitar las burbujas de aire en las líneas. Ponga la boquilla en la parte superior del pastel y retírela para que la línea caiga en su posición; así mantendrá una forma perfecta y podrá trazar una línea recta.

Al trazar la primera línea, mantenga la punta de la boquilla paralela para que «presione» contra el pastel y se adhiera bien. Repita las líneas alrededor del pastel a intervalos de 2 cm. Repita con el segundo y el tercer color para rellenar los espacios, y termine con una perla en la base de cada línea. Haga tres hojas verdes en la parte superior (*véase* pág. 114) y coloque la rosa en su sitio. Deje que solidifique toda la noche.

¿QUÉ PUEDE SALIR MAL?

LÍNEAS IRREGULARES
※ La manga está demasiado cerca.
※ Aplica demasiada presión.
※ El trazo no es lo bastente rápido.
Remedio: Retire la manga una vez que haya realizado el contacto inicial, aplique menos presión y mantenga una velocidad uniforme.

LÍNEAS ROTAS
※ El trazo se ha hecho muy rápido.
※ No ha ejercido presión suficiente.
※ El ángulo no es recto.
Remedio: Con un cuchillo en sentido vertical, retire la línea rota. Realice el trazo con más lentitud y mayor presión.

INGREDIENTES

1 pastel redondo de 5 cm cubierto con pasta de azúcar verde (*véase* pág. 144)

glaseado real coloreado en 3 colores (*véanse* págs. 130-132)

glaseado real verde (*véase* pág. 132)

1 rosa modelada a mano con pasta de azúcar amarilla (*véanse* págs. 196-198)

TAMBIÉN NECESITARÁ

3 mangas pasteleras con boquillas del n.º 3

1 manga pastelera con boquilla de hoja n.º 69

soporte giratorio

CONSEJOS DE MICH

1 Esta técnica funciona bien en pasteles redondos recubiertos con pasta de azúcar. En cambio, no está indicado para pasteles cuadrados donde se cruzan las esquinas superiores.

2 Practique esta técnica sobre un molde de pastel invertido hasta que domine el trazo.

He decorado este pastel con mi diseño de encajes monocromáticos. Se trata de todo un icono de la Little Venice Cake Company que hemos aplicado en numerosos pasteles nupciales o de fiesta distribuidos a través de los grandes almacenes Harrods, Fortnum & Mason y Harvey Nichols. Aunque en su origen era negro sobre blanco, el diseño resulta espectacular con cualquier par de colores.

INGREDIENTES

1 pastel individual recubierto con pasta de azúcar verde lima (*véase* pág. 144)

2-3 cucharaditas de glaseado real amarillo por pastel (*véanse* págs. 130-132)

TAMBIÉN NECESITARÁ

20 cm de cinta de 6 mm del mismo color que el glaseado real para la base del pastel

sello/cortador de flores (o siga la plantilla de la página 260 como guía)

punzón

torneta (soporte giratorio)

manga pastelera con boquilla del n.° 1,5

Sujete una cinta alrededor de la base del pastel y colóquela sobre un soporte giratorio. Presione la parte superior del pastel con un cortador de flores o un sello para crear la plantilla de la flor.

Marque el borde superior del pastel con seis puntos equidistantes utilizando un punzón.

Rellene la manga pastelera con glaseado real amarillo y trace el contorno de la flor, manteniendo la boquilla relativamente cerca de la superficie del pastel.

Aplique una perla dentro de cada pétalo, y, a continuación, tres perlas que se extiendan hacia el borde en línea recta a partir de la base de cada pétalo.

Una las seis marcas alrededor del borde superior con una línea en forma de onda. La boquilla debería entrar en contacto con el pastel al principio y al final de cada punto, pero debe retirarse del pastel para permitir la formación de la onda.

CONSEJOS DE MICH

1 Coloque el pastel sobre una base cuadrada para facilitar su movilidad una vez decorado.

2 Si adorna varios pasteles a la vez, forme todas las flores y perlas superiores primero para conseguir una decoración homogénea, luego adorne los lados de cada pastel uno tras otro.

3 Si los pasteles tienen dos o más sabores, alterne los colores aplicados en la base y los realizados a mano para distinguir los sabores.

4 Haga las flores tan pronto como los pasteles estén recubiertos, luego deje cuajar.

Repita con una línea algo más profunda.

Trace un lazo en la parte superior de cada onda. Lleve la boquilla desde el centro hacia la esquina superior izquierda, verticalmente hacia abajo, y en diagonal hacia el centro. Repita en la dirección opuesta para formar el lazo.

Trace los dos extremos de la cinta bajo el lazo.

Trace una fila de cinco perlas pequeñas distribuidas con regularidad bajo la onda. Aplique la primera en el centro y luego dos a cada lado para asegurar la regularidad del intervalo. Intente hacerlas del mismo tamaño, forma y con igual espaciado.

Aplique una segunda fila de cuatro perlas debajo de la anterior y continúe trabajando hacia abajo con tres y dos perlas, y termine con una única perla para formar una pirámide invertida. Repita el proceso aplicando una pirámide bajo cada onda.

Aplique un rombo de perlas encima de la cinta, bajo los lazos. Trace primero la perla superior y la inferior, algo más separadas, y después las dos perlas laterales, un poco más juntas. Deje que el pastel acabado se seque.

El objetivo de este tutorial es ayudarle a ganar confianza, control y habilidad con el trazo manual. Puede utilizar cualquier figura –una estrella o un corazón– y llenar el interior con un enrejado de líneas trazadas a mano. Practique esta técnica sobre un cartón o un papel antes de intentarlo sobre un pastel.

INGREDIENTES

1 pastel redondo de 15 cm recubierto con pasta de azúcar blanca (*véase pág. 145*)

2 cucharadas de glaseado real rojo (*véase pág. 132*)

TAMBIÉN NECESITARÁ

1 soporte de tarta de 23 cm recubierto con pasta de azúcar blanca (*véase pág. 148*)

cinta roja de 15 mm para el borde del soporte

cinta roja de 25 mm para la base de la tarta

plantilla de corazón (*véase pág. 262*)

punzón

manga pastelera con boquilla del n.º 1,5

manga pastelera con boquilla del n.º 2

Rodee la base del pastel y su soporte con la cinta roja y colóquelas sobre un expositor. Marque con un punzón el contorno de la plantilla del corazón en el centro de la superficie del pastel.

Coloque la boquilla del n.º 1,5 en la manga y llénela con el glaseado real rojo. Trace la primera línea entre dos puntos marcados lo más cerca posible del lado izquierdo del corazón. Trace líneas paralelas asegurándose de que ajusta la línea para que quede dentro de la plantilla.

Continúe recubriendo toda la plantilla del corazón. Trace líneas regulares, rectas y paralelas. Vaya con cuidado para que la boquilla entre en contacto con la superficie al principio y al final de cada línea, pero se mantenga separada durante el trazo a fin de que la línea caiga en su sitio por su peso. Llene todo el corazón.

Gire el pastel y vuelva a recubrir el corazón con una serie de líneas paralelas que crucen las primeras. Se requiere un gran cuidado, habilidad y control para que estas queden bien trazadas y no se rompan.

Complete el diseño ¡y respire! Coloque la boquilla del n.º 2 en una manga con glaseado real rojo y termine trazando ondas alrededor de la base del pastel a intervalos de 2,5 cm. Cree, si lo desea, una perla y una flor de lis en la parte superior de cada una.

Para un control óptimo, no levante demasiado la línea, ni la trace muy deprisa. Reduzca la presión mientras vuelve a acercarse al final de la línea en el punto adecuado.

Tutorial Bordado a pincel

Aplicar diseños a mano alzada sobre un pastel recubierto puede parecer bastante difícil, pero en realidad puede ser incluso liberador. He enseñado este método en muchas de mis clases y los resultados nunca dejan de impresionar. En este diseño, he decidido utilizar dos colores contrastantes para destacar el delicado trabajo en el pastel, pero esta técnica funciona igualmente bien con distintas tonalidades de un mismo color, en especial, si el trabajo se resalta con un lustre perlado.

INGREDIENTES

1 pastel redondo de 15 cm recubierto con pasta de azúcar (*véase* pág. 145)

3-4 cucharadas de glaseado real blanco (*véase* pág. 130-131)

1 rosa clásica modelada a mano (*véase* pág. 190), para decorar

TAMBIÉN NECESITARÁ

cinta de satén de 25 mm de ancho

cinta de 3 mm de ancho y un lazo

plantilla de velo de encaje romántico (*véase* pág. 258), si no trabaja a mano alzada

punzón

manga pastelera con boquilla del n.° 2

pincel de punta plana

Primero, rodee la base del pastel con la cinta ancha y coloque la cinta fina un poco más arriba. Termine con un lazo.

Utilice su propio diseño de encaje antiguo o la plantilla de la página 258. Marque el dibujo sobre el pastel con un punzón. Llene la manga con glaseado real blanco y trace el contorno de la flor principal.

Con un pincel de punta plana, aplane la línea hacia la parte inferior del interior del dibujo. El borde externo de la línea trazada debe permanecer intacto para mantener un borde definido.

Continúe trazando las otras flores principales y aplánelas como la anterior. Trace un grupo de flores de cinco pétalos.

Aplique una fila de perlas dentro de los pétalos de las flores de mayor tamaño.

Aplique una única perla dentro de las flores pequeñas. Trace los tallos y las hojas. Repita el proceso sobre todo el pastel y deje secar. Coloque la flor modelada en su sitio.

El diseño del encaje de My Little Venice es todo un icono que se ha utilizado para decorar muchos pasteles festivos y nupciales, y al tratarse de un diseño registrado, puede copiarse con fines personales. La técnica de aplicar a mano un motivo simétrico repetitivo desarrolla la habilidad, la confianza y la experiencia, y constituye una manera de introducir la aplicación a presión.

Con un punzón, trace el encaje de My Little Venice a partir la plantilla (*véase pág. 263*) en el lado del pastel, marcando el centro de las perlas y las volutas. Verifique que queda posicionado encima de la cinta y por debajo del borde del pastel.

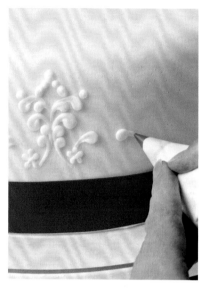

Coloque una boquilla del n.º 2 en una manga y llénela con glaseado real blanco. Deje la plantilla a la vista como referencia cuando comience a aplicar el glaseado. Empiece por las volutas externas y trácelas en primer lugar para adaptarse a su ritmo de trabajo e identificar el inicio y el final de cada pieza del encaje.

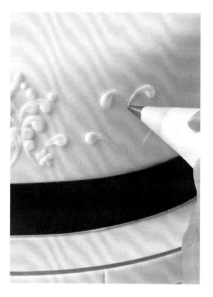

Pase a las volutas restantes comenzando por la superior y trabajando hacia abajo. En total son cinco, la izquierda y la derecha, con un eje central de simetría. Asegúrese de que las colas de cada voluta superior queden cubiertas por las cabezas de la inferior para que el dibujo quede limpio.

Comience por la parte posterior del pastel para ver cuál es su ritmo de trabajo; de esta manera, la parte frontal siempre resultará perfecta y cualquier punto de unión en el dibujo quedará oculto en la parte trasera del pastel.

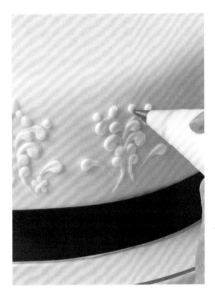

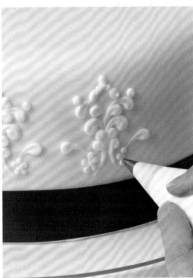

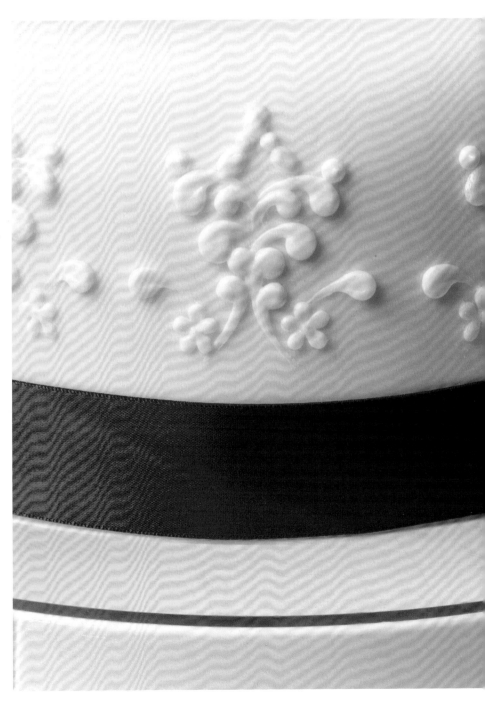

Ahora, pase a la sección superior de perlas, que puede aplicar a mano con una elongación angular para crear el dibujo. Aplique las dos flores exteriores con cinco perlas diminutas terminadas hacia el centro para crear una flor. Repita el proceso alrededor del pastel.

Letras manuscritas

El trazado directo de mensajes personaliza el pastel, pero puede parecer en extremo difícil si carece de experiencia o le falta confianza. Practique estas técnicas para potenciar su confianza y mejorar el control para que nunca sienta temor ante el reto de escribir un mensaje a mano. La calidad del mensaje escrito puede realzar o destrozar un pastel hermosamente decorado.

LETRAS EN RELIEVE MANUSCRITAS Y COLOREADAS

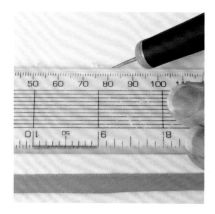

Con una regla y un punzón, marque una línea recta muy fina sobre el pastel. Imprima o trace el mensaje deseado sobre una hoja de papel de dibujo. Practique sobre un soporte recubierto para mejorar su confianza

Con un lápiz atóxico, marque el mensaje por el reverso. Posiciónelo con cuidado sobre el pastel, con el lado legible hacia arriba, y utilice un lápiz para reseguirlo ligeramente sobre la superficie.

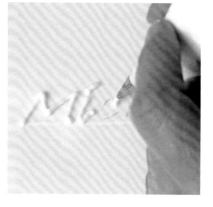

Llene una manga pastelera con la boquilla del n.º 2 con glaseado real del mismo color que el pastel recubierto (en este caso, blanco). Aplique el glaseado a mano sobre el mensaje dibujado. Puede retirar cualquier error con un cuchillo afilado.

Llene una segunda manga con una boquilla más pequeña (n.º 1,5) con glaseado real coloreado. Simplemente, aplíquela sobre el mensaje. No es necesario esperar a que la capa de base blanca se seque del todo antes de trazar el mensaje superior.

CONSEJOS DE MICH

1 Es importante verificar que el mensaje está recto; para ello, marque con una regla y un punzón una línea extremadamente fina como guía.

2 Cree una perla pequeña al inicio y al final de cada elemento de la letra para anclarla al pastel, en lugar de cortar la cantidad de glaseado aplicado dejando una cola.

3 Imprima el mensaje en un ordenador, con la letra y tamaño adecuados, para obtener la separación correcta.

LETRAS COLOREADAS CON VOLUTAS

Para un mensaje de mayor tamaño, trace el diseño sobre el pastel y aplique el glaseado del color elegido con una manga dotada de una boquilla de estrella del n.º 5. Sostenga la manga en ángulo y no verticalmente sobre el mensaje para lograr un efecto más auténtico.

LETRAS DE IMPRENTA CON GLASEADO FLUIDO

Trace el diseño sobre el pastel y marque el contorno de cada letra con glaseado real coloreado aplicado con una manga con boquilla del n.º 1,5. Llene una manga con glaseado fluido coloreado (véase pág. 133) y rellene las letras de forma alterna. Esto permitirá que las letras comiencen a secarse y mantengan su propia identidad antes de rellenar las adyacentes, y ayudará, asimismo, a mantener la estructura y los límites de cada una de las letras.

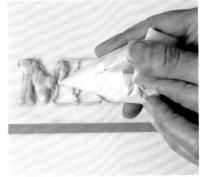

Utilice un pincel para llevar el glaseado a todas las esquinas de la letra y eliminar las burbujas de aire. Deje que las letras se sequen durante 30 minutos.

Rellene las letras adyacentes de la misma manera y deje que se sequen durante 30 minutos más.

Coloque una boquilla del n.º 1,5 en una manga y llénela con glaseado real blanco o de un color contrastante. Aplique pequeñas perlas alrededor de cada letra para destacar y presentar una decoración adicional.

LETRA MANUSCRITA EN RELIEVE

Se trata de un método similar al mostrado en la página anterior, pero empleando una escritura más elaborada. La técnica para marcar el mensaje en el pastel es la misma:

aplique la capa base con un glaseado real blanco más grueso y vuelva a trazar una superior con un glaseado real coloreado más fino.

Este estilo de letra es adecuado para trabajar con manga directamente con chocolate, ya que fluye con mucha facilidad.

LA TIARA DE LA ABUELA

La tiara de las chicas de Gran Bretaña e Irlanda, cariñosamente conocida como «la tiara de la abuela», forma parte de la colección de joyas de la reina Isabel II. He diseñado este pastel como homenaje a esta reliquia familiar. Además, como dictaría la tradición de la época, lo he decorado en su totalidad con glaseado real de color blanco puro, separado por columnas de escayola y decorado con una única flor de amarilis de azúcar.

INGREDIENTES

1 pastel redondo de
 25 cm (de 10 cm de alto)
 recubierto con mazapán
 y glaseado real blanco
 (véanse págs. 152-153)

1 pastel redondo de
 20 cm (de 10 cm de alto)
 recubierto con mazapán
 y glaseado real blanco

1 pastel redondo de
 15 cm (de 10 cm de alto)
 recubierto con mazapán
 y glaseado real blanco

glaseado real blanco (véanse
 págs. 130-133); 2 cantidades
 con glicerina para recubrir
 y 1 cantidad sin glicerina
 para decorar

1 flor de amarilis blanca
 modelada a mano
 (véanse págs. 204-205)

TAMBIÉN NECESITARÁ

2 soportes redondos
 de 35 cm de doble altura
 recubiertos de glaseado
 real blanco (véase pág. 153)
 para el piso base

2 soportes redondos
 de 23 cm de doble altura
 recubiertos de glaseado
 real blanco (véase pág. 153)
 para el piso superior

cinta de grogrén blanca
 de 2,5 cm de ancho

varillas/palitos de soporte

plantilla (véase pág. 262)

punzón

manga con boquilla
 del n.° 131

manga con boquilla del n.° 5

4 columnas de escayola
 de 7,5 cm

mangas adicionales

Apile los dos pisos de la base siguiendo las instrucciones de las páginas 154-155. Rodee la base doble inferior con cinta siguiendo las instrucciones de la página 149. Llene la manga con la boquilla del n.° 131 con glaseado y trace las volutas alrededor de la parte superior y la base de cada piso tal como se muestra en la página 114. Mida la circunferencia de cada piso utilizando una cinta. Mida la cinta y divídala en tres. Marque la plantilla sobre cada piso centrando el motivo principal en cada tercio señalado.

Llene la manga restante con glaseado y comience aplicando la flor de lis en el lado del pastel como sigue: aplique una perla, arrastre la boquilla hacia abajo y termine con un punto. Aplique una perla a la izquierda y arrástrela en un arco hacia el centro y hacia abajo para acabar en un punto. Repita el proceso con el lado derecho para completar la flor de lis. Continúe trazando el dibujo siguiendo la línea simétrica hacia abajo; vaya con cuidado para que los lados derecho e izquierdo queden iguales.

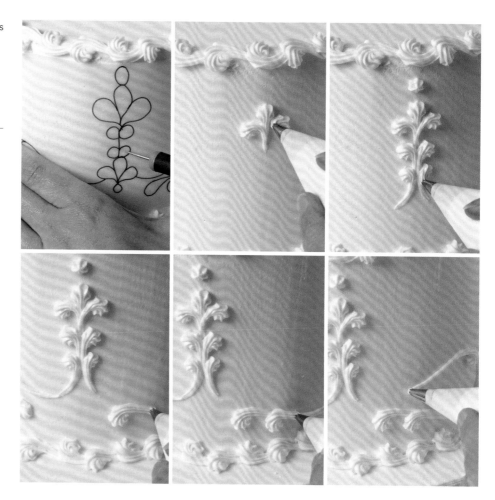

CONSEJOS DE MICH

1 Puede obtener pasteles especialmente altos horneando más de uno para cada piso y recortándolos, si es necesario, o creando un piso con un único pastel de 7,5 cm. También puede utilizar bases para pastel o de poliestireno para complementar.

2 El dibujo se repite tres veces alrededor de cada piso. En los pisos grandes, habrá más espacios entre dibujos, que pueden rellenar con flores de lis.

Aplique el dibujo de volutas a ambos lados del dibujo principal, procurando que el principio de cada voluta cubra el extremo de la anterior para obtener un aspecto pulido. Aplique una flor de lis sobre los extremos finales de las volutas, donde se juntan en el centro. Repita el proceso en los tres pisos. Deje secar el glaseado.

Para montar los pasteles, coloque los pilares como se indica en la página 157; fíjelos con varillas si el pastel se recubre con pasta de azúcar en lugar de glaseado real. Ponga el piso superior en posición. Adorne con la flor de amarilis de azúcar.

PASTEL LÁMPARA DE ARAÑA

Estas siluetas de lámparas de araña resultan muy efectivas pintadas a mano y con los detalles en negro sobre un pastel blanco. He bordeado los pasteles con cinta satinada negra y he elegido un suntuoso lazo de terciopelo para rematarlo. Un expositor negro para presentar el pastel completa la elegante puesta en escena.

INGREDIENTES

1 pastel de 25 cm y doble altura recubierto con pasta de azúcar blanca (*véase pág. 145*)

1 pastel de 15 cm y doble altura recubierto con pasta de azúcar blanca (*véase pág. 145*)

1 cucharadita de colorante en polvo negro

½ cucharadita de manteca de cacao

2 cucharaditas de glaseado real negro (*véase pág. 132*)

TAMBIÉN NECESITARÁ

3 m de cinta de satén negra de 2,5 cm de ancho

3 m de cinta de grogrén blanco de 3,2 cm

expositor para pasteles

plantilla de lámpara de araña (*véase pág. 261*)

punzón

selección de pinceles

manga con boquilla del n.º 1,5

lazo de terciopelo negro (requiere alrededor de 1,5 m)

Nota: Elija un pastel de porte y estructura firmes; un pastel de vainilla, chocolate o coco serían adecuados.

Apile los pasteles centrados (*véanse págs. 154-155*) y rodee la base de cada piso con las cintas negra y blanca. Con el punzón, trace la plantilla de la lámpara de araña sobre el pastel en una posición estratégica.

Mezcle el colorante negro en polvo con la manteca de cacao en un cuenco pequeño. Trabaje de arriba hacia abajo para evitar emborronar los detalles. Pinte el fondo de la lámpara de araña en negro y déjelo secar durante 30 minutos.

Llene la manga con glaseado real negro y aplique las ristras de perlas de la lámpara de araña en su sitio; todas las perlas deben ser del mismo tamaño y mantenerse equidistantes. Añada más ristras de perlas de cristal en glaseado real negro para crear los detalles refinados. Agregue las lágrimas aplicando una perla y alargando la boquilla dentro de ella.

Trace las velas y las llamas en su sitio. Termine fijando un lazo de terciopelo negro en la parte superior con un poco de glaseado.

«Este pastel es perfecto para un cumpleaños a cualquier edad o para un aniversario de boda».

COLCHA DE MARGARITAS

Este diseño combina perlas y gotas para crear un dibujo a modo de colcha que se repite en todos los lados de un pastel de dos pisos. Al aplicar todos los detalles en blanco sobre un pastel blanco, la textura adquiere una profundidad realmente atractiva. Cambie los colores si busca un estilo más moderno y divertido.

INGREDIENTES

1 pastel cuadrado de 25 cm recubierto con mazapán y pasta de azúcar (*véanse* págs. 140-145) para el piso base

1 pastel cuadrado de 15 cm recubierto con mazapán y pasta de azúcar (*véanse* págs. 140-145) para el piso superior

400 g de pasta de azúcar (para el bloque)

glaseado real blanco (*véanse* págs. 130-131)

TAMBIÉN NECESITARÁ

1 soporte cuadrado para pastel de 32 cm recubierto con pasta de azúcar blanca y bordeado con cinta blanca de grogrén de 15 mm de ancho

2 m de cinta blanca de grogrén de 2,5 cm de ancho para el piso base

plantilla de margaritas (*véase* pág. 263)

punzón

manga con boquilla del n.° 2

1 bloque de poliestireno cuadrado de 10 cm y 2,5 cm de alto

8 varillas/palitos de soporte

PARA EL ARREGLO SUPERIOR

Varias lazadas de cinta (*véanse* págs. 244-245): 3 en grogrén color crema de 2,5 cm de ancho; 3 en grogrén blanco de 2,5 cm de ancho; 3 en grogrén crema de 15 mm de ancho; 3 de organza blanca de 15 mm de ancho, y 6 de satén blanco de 15 mm de ancho.

3 rosas clásicas (*véase* pág. 190)

PARA EL BLOQUE

Varias lazadas de cinta (*véanse* págs. 244-245): 6 en satén blanco de 15 mm de ancho; 6 de grogrén color crema de 2,5 cm de ancho; 6 de grogrén blanco de 25 mm de ancho; y 6 de organza blanca de 15 mm de ancho.

8 rosas clásicas (*véase* pág. 190)

Coloque el piso base centrado sobre la base y rodee ambos con cinta de grogrén. Marque la plantilla sobre el pastel, considerando la altura del piso y la profundidad de la cinta alrededor de la base.

Llene la manga con glaseado real blanco. Aplique las gotas verticales y horizontales para formar una cruz. Aplique una perla y arrastre la boquilla hacia el centro, liberando la presión mientras la extiende. Trabaje hacia dentro. Aplique las cuatro perlas diagonales con una presión algo menor para que queden más pequeñas que la cruz inicial.

Aplique la línea diagonal de perlas en su sitio; compruebe que todas son del mismo tamaño y forma, y que se encuentran a una distancia regular.

Termine cada margarita con una perla grande en el centro para dar nitidez.

PARA HACER LA ROSA CLÁSICA MODELADA A MANO

INGREDIENTES

unos 30-40 g de pasta de pétalos
    por rosa

pegamento para azúcar

glaseado real color marfil
    (*véanse* págs. 130-132)

TAMBIÉN NECESITARÁ

cortadores de pétalos de distintos
    tamaños: 3,5 cm, 6 cm y 10,5 cm

rodillo pequeño

aguja de cabeza

esterilla de espuma o plancha para
    modelar

manga con boquilla del n.º 2

Nota: Haga primero los pétalos interiores y colóquelos en una paleta con pocillos para que se solidifiquen. Haga después los pétalos exteriores y déjelos solidificar sobre una placa forrada con papel de aluminio. Cuando haya terminado la capa media, los pétalos interiores y exteriores serán lo bastante firmes como para pegarlos entre sí directamente. A continuación, deje la flor terminada para que se seque toda la noche en las placas forradas de aluminio.

Amase la pasta para pétalos hasta que quede lisa y modelable. Extiéndala dándole de 1-2 mm de grosor. Corte una flor de cinco pétalos con los tres cortadores distintos. Colóquelas sobre la esterilla de espuma o la plancha para modelar y utilice la aguja de cabeza para rizar los pétalos. Ponga cada capa de pétalos en una paleta de pintor con pocillos o en un recipiente de aluminio

durante al menos una hora o hasta que estén secos y firmes. Pegue las tres capas con glaseado real o pegamento para azúcar para formar la flor.

Llene la manga con glaseado real de color marfil y aplique una perla de glaseado en el centro de la flor rodeada de un anillo de perlas más pequeñas.

PARA MONTAR EL ARREGLO SUPERIOR

Amase un trozo de pasta de azúcar del tamaño de una pelota de golf, forme una bola y aplánela ligeramente. Con unos alicates, recorte todos los alambres de las lazadas de cinta a una longitud máxima de 2,5 cm. Inserte las de grogrén de color crema en la base de la cúpula de pasta, en forma triangular, y con los extremos hacia abajo.

Coloque el grogrén blanco de 2,5 cm directamente encima de las tres primeras lazadas.

Inserte las lazadas de grogrén de color crema de 15 mm justo encima de estas para formar una pirámide.

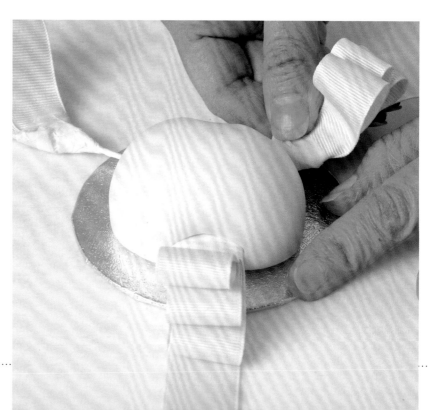

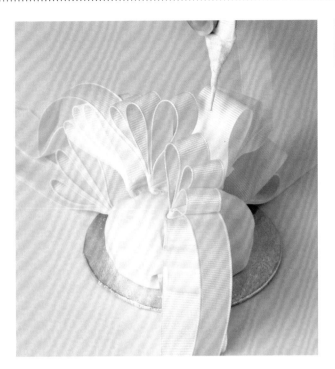

Inserte las lazadas de organza blanca de 15 mm en la parte superior, justo en el centro y entre las de grogrén de color crema de 15 mm. Inserte las seis lazadas de satén blanco de 15 mm a ambos lados de cada una de las lazadas iniciales de grogrén de color crema de 2,5 cm.

Tense todos los extremos y, con unas tijeras afiladas, recórtelos en un ángulo agudo.

Coloque este esqueleto de lazos sobre el piso superior y sujételo con un poco de agua. Aplique media cucharadita de glaseado real en el reverso de tres flores clásicas y póngalas en los tres espacios bordeados por las lazadas.

Presione los centros de las tres flores a la vez para fijarlas y rectifique las lazadas si fuera necesario. Puede presionar por el centro de la flor, que es el punto más estable y menos frágil.

EL BLOQUE DEL PISO INFERIOR

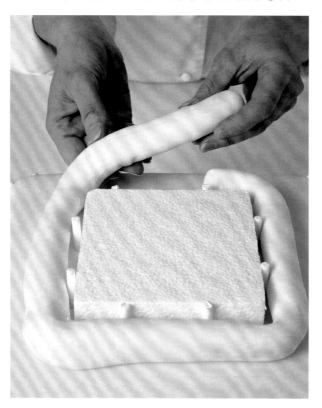

Coloque las varillas y rodee en el pastel tal como se muestra en las páginas 158-159. Humedezca la superficie del pastel alrededor del bloque de poliestireno.

Amase la pasta de azúcar y forme un rollo de 2,5 cm de grosor para extenderlo alrededor del bloque, de modo que lo bordee.

Coloque el piso superior en su posición; compruebe que está nivelado y recto desde todos los ángulos.

Aplique media cucharadita de glaseado real sobre el reverso y la base de una flor clásica y colóquela en posición en la esquina del piso base; asegúrese de que está bien sujeta al piso base y al rollo de pasta de azúcar entre los pisos.

A fin de mejorar la estabilidad, aplique glaseado para fijar el piso superior al bloque de poliestireno y transpórtelo como un pastel apilado completo.

CONSEJO DE MICH

Si elabora varias flores clásicas, haga primero todos los pétalos pequeños y déjelos secar en los pocillos de una paleta de pintor. Pase a crear los pétalos externos y colóquelos en placas forradas de aluminio. Cuando termine con las capas intermedias, las interiores y exteriores estarán lo bastante secas para fijarlas directamente en su lugar conforme las vaya haciendo, por lo que podrá montar todas las capas sin arriesgarse a romper ninguna.

Elija tres lazadas y entrelace los alambres para formar uno único más fuerte. Recórtelo a 4 cm con alicates e insértelo junto a la rosa, introduciendo el alambre en el rollo de pasta de azúcar. Sujete la siguiente flor junto a estos lazos y repita el proceso alrededor del pastel hasta recubrir todo el bloque. Recorte los extremos de las lazadas. Deje secar el glaseado.

Modelado a mano

El modelado a mano o con cortadores constituye una buena introducción a la **decoración** de pasteles, ya que todos los componentes se han de preparar antes de colocarlos sobre el pastel; gracias a ello, desarrollará una mayor **confianza** y podrá administrar mejor su tiempo. Además, debe estar **satisfecho** con el aspecto de todos los **elementos** antes de ponerlos sobre el pastel. Entre estas técnicas se encuentran **modelos, flores** y **formas**. Puede preparar los **adornos** hasta con tres meses de antelación y guardarlos en cajas para pastel. Evite los recipientes sellados o herméticos, pues la **humedad** que contienen favorecerá el desarrollo de moho y que se desmiguen.

Tutorial Rosas de chocolate

Este es el método más sencillo y rápido para elaborar preciosas rosas de chocolate, pastas de azúcar o pasta de goma para decorar pasteles, madalenas, pasteles de corona y galletas. Se requieren pocos utensilios y las puede preparar hasta con tres meses de antelación y guardarlas en una caja para pasteles.

INGREDIENTES

Calcule unos 20 g de pasta de azúcar
al chocolate (u otro color) por rosa

TAMBIÉN NECESITARÁ

cuchillo afilado

una funda para documentos de
tamaño A4 abierta por tres lados

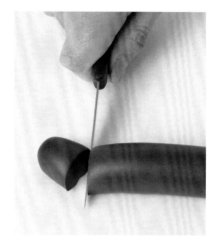

Extienda un rulo de pasta de azúcar al chocolate de un grosor de 2,5 cm y recorte los extremos redondeados.

Corte 6 discos iguales de chocolate de 3 mm de grosor cada uno (de forma natural, el borde que está en contacto con la superficie de trabajo se aplanará y quedará menos redondeado).

Coloque estos discos dentro de la funda de plástico de modo que estén orientados en la misma dirección, lo que permitirá que todos queden lisos y no se peguen.

Presione cada pétalo ligeramente con la palma de la mano para comenzar el proceso de aplanado y redondeado.

Utilice el pulgar para aplanar aún más el lado redondeado del pétalo; deje inalterado el borde recto que estaba en contacto con la superficie de trabajo.

CONSEJOS DE MICH

1 A menudo se comete el error de no colocar el centro de la rosa lo suficientemente bajo respecto al segundo pétalo; una vez que este pétalo está alisado y conformado, se alineará con el centro. Si el cono central no está lo bastante bajo, el segundo pétalo quedará demasiado bajo respecto al centro de la rosa y la flor parecerá marchita.

2 Acuérdese de dar la vuelta a los pétalos para que el lado brillante queda hacia arriba antes de incorporarlo a la rosa.

Abra la funda y frote el primer pétalo desde el borde recto más grueso para retirarlo de la hoja a la vez que le imprime una curvatura natural.

Dé la vuelta al pétalo para que el lado plano que miraba hacia abajo quede ahora hacia arriba, enrolle la parte más alejada del dedo. Termine de enrollar este primer pétalo con firmeza para elaborar el centro de la rosa.

Retire el segundo pétalo de la hoja. Dele la vuelta para que quede con la parte curvada hacia fuera. Coloque la unión del centro de la rosa sobre el segundo pétalo; compruebe que queda a la mitad de él. Envuélvalo y apriete el pétalo alrededor del centro para sellarlo.

Prepare varias rosas y capullos de distintos tamaños para que el conjunto parezca más auténtico y versátil.

Con el dedo, dé la vuelta al borde superior del pétalo y conforme la rosa.

Añada un tercer pétalo al lado opuesto al segundo y continúe presionando y dando forma a la flor.

Sujete la base de la rosa entre dos dedos. Imprima un suave movimiento de vaivén para conformar la base.

Añada los tres pétalos finales formando una única capa alrededor de la rosa; fije uno de los lados, pero deje el otro abierto para introducir el pétalo siguiente.

Cuando los tres pétalos estén en el lugar indicado, presione para sellarlos y cerrarlos; conforme cada pétalo para dar más realismo a la rosa.

Recorte la base de la rosa con un cuchillo afilado con la hoja en sentido contrario a usted. Colóquela durante toda la noche sobre un soporte para pastel limpio a fin de que se endurezca.

Puede pintar las rosas de chocolate con aerosol dorado o aplicarles pan de oro comestible (véanse págs. 254-255) para darles un toque de opulencia.

PARA LAS HOJAS DE CHOCOLATE

Calcule unos 15 g de pasta de azúcar
al chocolate para 3 hojas

Extienda la pasta de azúcar hasta
que alcance un grosor de 2 mm. Utilice
un cortador impresor para formar las
venas y recortar hojas de varios tamaños.
Imprímales una cierta ondulación y déjelas
secar para que adquieran estas formas
prefijadas.

«*Yo suelo curvar los pétalos de las calas sobre un rodillo*
para lograr un acabado uniforme».

PARA LAS CALAS DE CHOCOLATE

Calcule unos 25 g de chocolate
para modelar por cala

TAMBIÉN NECESITARÁ

rodillo

cortador de calas

Amase el chocolate para modelar
hasta que quede liso y manejable, y
extiéndalo formando una plancha de 2-3 mm.
Recorte la forma con el cortador de 7 cm.
Enrolle un trozo de 5 cm del chocolate
para formar un churro y colóquelo
en el interior de la cala. Envuelva la cala
alrededor del centro y selle la base. Curve
la punta de la cala para terminarla y déjela
secar toda la noche.

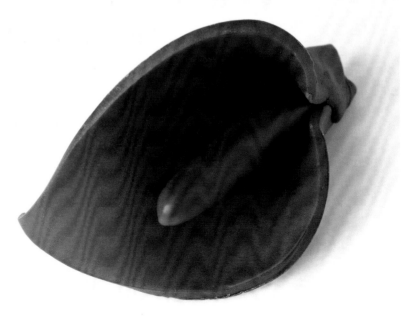

CORNUCOPIA DE CHOCOLATE

Este pastel tiene un aspecto impresionante, pero todos los componentes se preparan con antelación y se colocan una vez que los pasteles están horneados, recubiertos y apilados. En este caso, he dorado el pastel ya decorado con lustre dorado en aerosol para destacar los detalles. Puede adaptar el diseño a los pasteles individuales o de un solo piso, e incluso utilizarlo como decoración para un pastel de *ganache* vertida.

INGREDIENTES

1 soporte para pastel redondo de 35 cm cubierto con pasta de azúcar al chocolate (*véase* pág. 145)

1 pastel redondo de 25 cm recubierto con pasta de azúcar al chocolate (*véase* pág. 145)

1 pastel redondo de 15 cm recubierto con pasta de azúcar al chocolate (*véase* pág. 145)

500 g de pasta de azúcar al chocolate

selección de rosas de chocolate, calas y hojas modeladas (*véanse* págs. 196-199), entre 10 y 15 de cada tipo de flor y 25 hojas

chocolate negro derretido

lustre dorado comestible en aerosol

TAMBIÉN NECESITARÁ

2,5 m de cinta de grogrén marrón de 15 mm de ancho

pincel de pastelería

hielo en aerosol

Nota: Es una buena idea elaborar muchas rosas, calas y hojas para poder elegir las que mejor se adaptan al crear la cascada. Las que sobren pueden guardarse hasta tres meses.

Apile los pasteles descentrados tal como se indica en la página 156. Envuelva cada piso con cinta de grogrén. Extienda la pasta de azúcar al chocolate formando un churro de unos 2,5 cm de grosor. Enróllelo alrededor de ambos pisos del pastel y utilice chocolate negro derretido para fijarlo. Este churro constituirá la base y el soporte para la cascada de flores y hojas de chocolate. Recorte la base.

Comenzando por la parte superior, cubra los primeros 5-7,5 cm del churro con chocolate derretido y fije la primera cala en el lugar indicado. Componga el diseño añadiendo rosas de distintos tamaños a ambos lados de la cala; utilice el churro de pasta de azúcar y chocolate negro derretido para sujetarlas. El hielo en aerosol fijará el chocolate inmediatamente, lo que permitirá acelerar el proceso de endurecimiento mientras trabaja.

Cuando llegue a un lado del pastel, ancle las rosas y las calas de la parte inferior a la base del piso para que queden más estables; a continuación, trabaje el diseño hacia arriba en lugar de tratar de equilibrarlo hacia abajo. Utilice flores y capullos reducidos para llenar los huecos pequeños. Cuando la guirnalda esté acabada, pulverice lustre dorado en aerosol por encima (solo sobre la guirnalda, no sobre el pastel).

TRÍO DE PASTELES DE BODA MINI

Estos pasteles resultan de una refinada opulencia y son un guiño a María Antonieta, de quien se dice que comentó: «¡Pues que coman pasteles!». Además, su estilo recuerda a *Orgullo y prejuicio* y a las chicas Bennett con sus elegantes vestidos. Son muy laboriosos de hacer, pero resultan ideales como centro de mesa o para colocar en una mesa de postres.

INGREDIENTES

1 pastel redondo de 7,5 cm recubierto con pasta de azúcar de color pastel (*véase* pág. 145)

1 pastel redondo de 5 cm recubierto con pasta de azúcar de color pastel (*véase* pág. 145)

1 pastel redondo de 4 cm recubierto con pasta de azúcar de color pastel (*véase* pág. 145)

glaseado real blanco (*véase* pág. 130)

perlas blancas

4-5 rosas modeladas a mano con pasta de azúcar (*véanse* págs. 196-198)

TAMBIÉN NECESITARÁ

1 soporte de 10 cm recubierto de pasta de azúcar

35 cm de cinta de grogrén de color crema de 15 mm de ancho

manga pastelera

Apile, centrados, los tres pasteles redondos recubiertos (*véanse* págs. 154-155). Puede ponerlos uno encima de otro directamente, sin soportes intermedios ni varillas, ya que son muy ligeros. Rodee el soporte con cinta y coloque los pasteles apilados sobre la base recubierta.

Trabajando un piso cada vez, aplique una tira de glaseado real alrededor de la base del piso.

Coloque una fila de perlas de azúcar encima de la cinta de glaseado. Para el piso base, fije tres filas de perlas, una encima de otra; el piso intermedio debe llevar dos filas, y el superior, una sola.

Decore el pastel con las rosas de azúcar modeladas a mano, sujetándolas con glaseado real.

CONSEJOS DE MICH

1 Los pasteles deben recortarse a partir de una plancha de mayor tamaño. Utilice pastel de frutas o pasteles cremosos, que son más estables y ofrecen mejor soporte.

2 Forme las perlas con glaseado en lugar de pegarlas individualmente.

3 Elabore sus propias perlas con bolas de pasta de azúcar y espolvoréelas con lustre perlado.

4 Elabore rosas de azúcar de dos tonos (técnica de las páginas 208-209); utilice un color más oscuro para los pétalos interiores y uno más pálido para los exteriores.

Estas flores de azúcar son perfectas para los pasteles de invierno o de temas navideños, adecuados para esta época. Están compuestas de seis pétalos y son generosas y vaporosas, por lo que una única flor ya causa un gran impacto en un pastel de fiesta. Su preparación requiere un tiempo considerable, ya que cada pétalo se sostiene con un alambre y se deja secar. Sin embargo, son grandes e impresionantes y se pueden elaborar con antelación para facilitar la preparación. Si quiere que sean más auténticas, también puede hacer seis estambres e insertarlos en el centro de la flor.

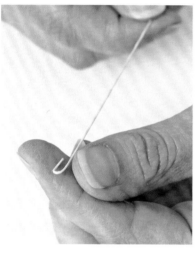
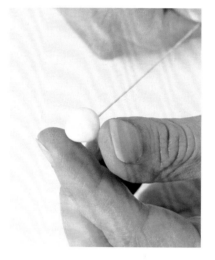

INGREDIENTES

Calcule unos 60 g de pasta de pétalos blanca por flor

TAMBIÉN NECESITARÁ

6 trozos de 15 cm de alambre de 0,5 mm de diámetro

cortador de pétalos de amarilis o arum de 8 cm

almohadilla de espuma o plancha para modelar

bola para modelar o aguja de cabeza

impresora para venas

cinta de florista blanca

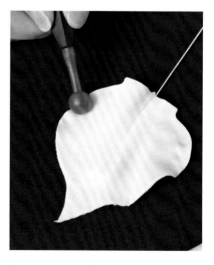

Doble el extremo de un trozo de alambre para formar un gancho. Inserte el gancho en una bola de pasta de pétalos del tamaño de un guisante grande. Extienda la pasta a lo largo de unos 5-6 cm del alambre.

Extienda la pasta de pétalos hasta que alcance un grosor de 1-2 mm y recorte el pétalo.

Coloque el pétalo sobre la almohadilla de espuma y dé forma a los bordes con una bola para modelar. Para lograr un acabado más auténtico, observe las siguientes dos imágenes y añada venas al pétalo antes de formar los bordes.

Coloque el alambre con la pasta en la base de una impresora para venas y ponga el pétalo encima. Sitúe la parte superior de la impresora en la posición correcta y apriete. Retire el pétalo del utensilio. El alambre reforzado debe quedar sujeto con firmeza por el reverso.

Ponga el pétalo sobre un rollo de papel de aluminio. Levante suavemente la punta. Repita el proceso para formar los seis pétalos y déjelos secar toda la noche.

Cuando los pétalos estén secos, una los tres primeros con cinta de florista formando un triángulo. Sujete el segundo grupo de tres pétalos por debajo y altérnelos con los tres primeros para formar una flor de amarilis completa.

Tutorial Gloriosa

Las gloriosas y lirios gloriosos tienen un colorido maravilloso y una delicadeza que he intentado recrear en esta versión en azúcar. Mi objetivo al elaborar cualquier flor de azúcar es que sea muy llamativa, pero también práctica de hacer, para que no requiera mucho tiempo de preparación. Como ocurre con todas las flores de azúcar, pueden hacerse con antelación y almacenarse en una caja.

INGREDIENTES

cada flor tiene 6 pétalos,
   calcule unos 30 g de pasta
   de pétalos roja por flor
colorante en polvo
   (fucsia, naranja y amarillo)

TAMBIÉN NECESITARÁ

rodillo miniatura

cortador de cala de 10 cm

alambre de 0,4 mm de diámetro
   cortado en trozos de 15 cm

impresora para venas

almohadilla de espuma
   o plancha para modelar

bola para modelar

cinta de florista verde

pincel

Amase la pasta de pétalos roja en porciones y extienda una lámina muy fina sobre una superficie de trabajo limpia o tabla antiadherente ligeramente espolvoreada con azúcar lustre, si es necesario, para evitar que se pegue. Use el cortador de cala para recortar el pétalo. Coloque una bola de pasta del tamaño de un guisante grande sobre el extremo de un gancho de alambre. Extienda la base de la pasta a lo largo del alambre para alargarla y darle una forma similar a la de un capullo. De esta manera reforzará cada uno de los pétalos.

Coloque este capullo alargado en el centro de la impresora dejando el extremo sin recubrir fuera de él. Ponga el pétalo recortado encima del alambre y cubra el pétalo recortado con la tapa de la impresora para que el pétalo y el alambre queden emparedados dentro de ella. Presiónela firmemente a fin de que el alambre se adhiera al pétalo y este quede marcado por la impresora.

*«Estos pétalos son muy delicados.
Le sugiero que haga más como
recambio, por si alguno se rompiera»*.

Abra la impresora y compruebe
que el pétalo ha quedado fijado al
alambre y que las venas están marcadas.
Retire el pétalo del utensilio y colóquelo
sobre la almohadilla de espuma para
modelar. Pase una bola por los bordes
exteriores para aplanarlos y formar
el pétalo. Coloque el pétalo sobre un
rollo de papel de aluminio o un rodillo
y deje que se seque y endurezca en esa
posición durante cuatro horas; controle
que la unión con el alambre quede por
la parte inferior. Repita el proceso para
formar seis pétalos por flor.

Cuando los pétalos estén secos,
recubra la base de cada uno con cinta
de florista para reforzarlos. Pincele cada
pétalo con el colorante en polvo fucsia
en el centro y una mezcla de naranja
y amarillo alrededor del borde exterior.
Una los dos primeros pétalos, curvados
hacia el interior, para formar una esfera.
Continúe uniendo los pétalos hasta
que la gloriosa tenga seis y todos
apunten hacia el interior. Colóquelos
en su posición definitiva con
delicadeza.

Flores de dos tonalidades

Para esta técnica he extendido pasta de pétalos de dos colores y, a continuación, las he apilado y extendido juntas antes de recortar las flores con un cortador de cinco pétalos. Cuando los pétalos adoptan su forma, adquieren una profundidad muy atractiva porque tienen un color en la superficie y otro en el reverso, que se transparenta. He utilizado colores pastel clásicos, pero esta técnica también resulta efectiva con muchos colores tenues.

Amase dos bolas de pasta de pétalos del tamaño de una avellana en colores distintos hasta que estén blandas y maleables. Extienda las dos por separado hasta formar un óvalo alargado de entre 1-2 mm de grosor. Intente que ambas láminas queden del mismo tamaño y grosor.

Coloque una lámina sobre la otra y continúe extendiendo hasta que el grosor vuelva a tener 1-2 mm de grosor.

Recorte flores de cinco pétalos de tres tamaños distintos.

INGREDIENTES

unos 30 g de pasta de pétalos por flor en varios colores

pegamento para azúcar

glaseado real coloreado para los acabados

TAMBIÉN NECESITARÁ

rodillo mini

cortadores de flores de 5 pétalos en varios tamaños: 2 cm, 3,5 cm y 6 cm

almohadilla de espuma o plancha para modelar

manga con boquilla del n.º 1,5

bola para modelar

CONSEJOS DE MICH

1 Trabaje una cantidad reducida de pasta cada vez, ya que se seca rápidamente.

2 Cuando las pastas coloreadas ya estén extendidas juntas, recorte algunas flores y luego gire la pasta para cortarlas por el color opuesto.

3 Cuando las pastas se han extendido juntas, los recortes no se pueden aprovechar, pues los colores están mezclados.

4 Recuerde que debe guardar las decoraciones de azúcar en una caja, y no en un recipiente hermético, para evitar el crecimiento de moho y que se desmigue.

Coloque las flores sobre una almohadilla
de espuma y con la bola para modelar
conforme los pétalos de cada flor individual.

Ponga los pétalos más pequeños
en el pocillo de una paleta o un recipiente
similar durante dos horas para que
se solidifiquen y adquieran su forma
definitiva. Los pétalos de mayor tamaño
pueden colocarse dentro de un cuenco
pequeño o en un recipiente forrado
con papel de aluminio.

Cuando los pétalos estén firmes,
una las tres capas con pegamento de azúcar
o un poco de glaseado real.

Deje que la flor se seque completamente
(toda la noche o al menos durante cuatro
horas) y retire el soporte.

Llene la manga con glaseado real
coloreado y aplique un círculo de perlas
en el centro de la flor como toque final.

PASTEL MARILYN

En este diseño clásico se disponen rosas de dos colores en tonos apagados alrededor de la base de un pastel apilado. Una vez situadas las rosas, se aplican a mano unas perlas en color champán para añadir un sorprendente toque profesional. Este pastel no va sobre un soporte, sino que se coloca sobre un expositor antes de decorarlo. Como alternativa, recubra un soporte que sea 7,5 cm más grande que el piso base.

INGREDIENTES

1 pastel redondo de
 25 cm recubierto
 con mazapán y pasta
 de azúcar (*véanse*
 págs. 140-145)

1 pastel redondo de
 15 cm recubierto
 con mazapán y pasta
 de azúcar (*véanse*
 págs. 140-145)

27-30 flores de dos colores
 (*véanse* págs. 208-209)
 en varios tonos

glaseado real de
 color crema (*véanse*
 págs. 130-133)

TAMBIÉN NECESITARÁ

cinta de grogrén de
 color crema de 2,5 cm
 de ancho

expositor para tartas

manga con boquilla
 del n.º 2

Apile el pastel siguiendo las instrucciones de las páginas 154-155 y rodee la base de cada piso con la cinta de grogrén de color crema. Colóquelo en un soporte decorativo.

Ponga las rosas alrededor de la base de cada piso, una junto a la otra, y alineadas con la base del piso.

Llene la manga con el glaseado real de color crema y aplique perlas al azar alrededor de las flores y por encima de la cinta.

Aplique las perlas cuando las flores estén colocadas para dar al pastel un acabado profesional. Pueden ser de varias tonalidades distintas para complementar los colores de las flores.

Rosa de eléboro

La inspiración para estas pequeñas rosas provino de un regalo para el día de la madre realizado por uno de mis chicos. Con un cortador sencillo de cinco pétalos, de forma sencilla y con la ayuda de colorantes, conseguí crear un eléboro bastante realista que se puede utilizar para decorar pasteles festivos y roscas. Se trata de un diseño delicado, ya que solo lleva una capa de pétalos, así que manipúlelo con cuidado.

INGREDIENTES

15 g de pasta de pétalos blanca por flor
colorante en polvo (amarillo y verde)
glaseado real blanco (*véanse* págs. 130-133)
pasta de azúcar amarilla (*véase* pág. 144)
glaseado real amarillo (*véanse* págs. 130-133)

TAMBIÉN NECESITARÁ

rodillo miniatura
cortador de 5 pétalos de 6 cm
impresor para venas
almohadilla de espuma o plancha para modelar
pincel
2 mangas con boquillas del n.º 1,5
punzón

Amase la pasta de pétalos hasta que quede lisa y maleable. Extiéndala hasta que adquiera un grosor de 1-2 mm y recorte una flor de 5 pétalos. Presione cada pétalo con una impresora para venas.

Coloque la flor sobre la almohadilla o plancha y, con la bola para modelar, cree ondulaciones en los pétalos.

Dé forma con un pincel a cada pétalo.

Coloque los pétalos en un molde para madalenas o en cavidades de paleta de pintor para que se sequen (al menos durante cuatro horas)

Con un pincel, aplique colorante en polvo en las puntas de cada pétalo en un tono amarillo verdoso.

Rellene una de las mangas con glaseado real blanco y trace una serie de líneas blancas que salgan desde el centro del eléboro.

Mientras el glaseado esté húmedo, fije en el centro del eléboro una pequeña bola aplanada del tamaño de un guisante de pasta de azúcar amarilla.

Utilice un punzón para formar puntos sobre la superficie del centro amarillo.

Rellene la segunda manga con glaseado real amarillo y aplique pequeñas perlas amarillas en el extremo final de las hebras blancas (filamentos) para crear los estambres. Deje secar durante una hora.

Bloque de flores coloreadas

Existe una gran variedad de cortadores de flores en formas y tamaños distintos. En este pastel, he utilizado un único color para crear todas las flores y he recubierto el piso entero de ese mismo color. Así se genera una textura sorprendente y de gran impacto visual. Puede preparar las flores con antelación y utilizarlas en el momento de montar el pastel. Fíjelas en el lugar indicado con glaseado real del mismo color.

Apile los pasteles y céntrelos (*véanse* págs. 154-155). Rodee los pisos base y el superior con cinta marfil, y el central, con verde. Termine con un lazo en el piso inferior.

Extienda una lámina de pasta de pétalos dándole 1 mm de grosor y corte tiras muy finas de unos 3 mm de ancho.

Enrolle estas tiras para formar espirales pequeñas muy apretadas.

Déjelas reposar durante una hora o hasta que estén secas y firmes. Para hacer las flores, amase la pasta de pétalos hasta que quede lisa y maleable. Extiéndala dándole de 1-2 mm de grosor y recorte las flores.

Coloque las flores sobre la almohadilla de espuma o la plancha para modelar y deles forma con la bola para modelar. Deje secar en las cavidades de una paleta durante una hora.

Ponga las flores y las espirales en el lugar indicado aplicando un poco de glaseado real en el reverso. Continúe el proceso hasta cubrir la totalidad del piso intermedio.

INGREDIENTES

1 pastel redondo de 25 cm
recubierto con pasta
de azúcar blanca
(*véase* pág. 145)

1 pastel redondo de 18 cm
recubierto con pasta
de azúcar color verde
menta (*véase* pág. 145)

1 pastel redondo de 10 cm
recubierto con pasta
de azúcar blanca
(*véase* pág. 145)

250 g de pasta de pétalos
verde menta

glaseado real verde menta
(*véanse* págs. 130-133)

TAMBIÉN NECESITARÁ

3 m de cinta de 2,5 cm
de ancho en color marfil

1 m de cinta de 15 mm
de ancho en color
verde menta

rodillo miniatura

cuchillo afilado

varios cortadores de flores

almohadilla de espuma
o plancha para modelar

bola para modelar

manga pastelera
con boquilla del n.º 2

No subestime la cantidad
de flores necesarias para cubrir
todo un piso. En este pastel
utilicé al menos doscientas.
Cuando se secan, se pueden
apilar. Prepárelas en varios
tamaños distintos.

Estas delicadas flores rizadas se preparan extendiendo la pasta de pétalos muy fina y recortando un trozo pequeño de la punta de cada pétalo antes de rizarlas con la bola para modelar. Así se imprime cada flor con un borde rizado muy delicado. Son frágiles y pueden romperse con facilidad, por lo que deberían fijarse enseguida con glaseado sobre el pastel para que tengan el máximo apoyo.

INGREDIENTES

unos 50 g de pasta de pétalos
   coloreada por flor

pegamento de azúcar

glaseado real blanco
   (*véanse* págs. 130-133)

confetis de azúcar o fideos

1 pastel redondo de 5 cm recubierto
   con pasta de azúcar blanca
   (*véase* pág. 145) y decorado
   con perlas arcoíris (*véase* pág. 168)

TAMBIÉN NECESITARÁ

rodillo mini

cortadores de 5 pétalos de 6 cm y 8 cm

cortador de corazón

almohadilla de espuma
   o plancha para modelar

bola para modelar

manga con boquilla del n.º 2

recipientes de aluminio para proteger

Amase la pasta de los pétalos hasta que quede lisa y maleable. Extiéndala dándole 1 mm de grosor. Recorte una flor de cinco pétalos de cada tamaño. Con la punta de un cortador de corazón, recorte una sección invertida en forma de V en la punta de cada pétalo. Coloque la flor sobre la almohadilla de espuma o plancha para modelarla y rice el borde de los pétalos con la bola para modelar.

Una ambas flores con pegamento de azúcar y déjelas en un recipiente de aluminio. Llene la manga con el glaseado real blanco y aplique una perla grande en el centro de la flor. Espolvoree los confetis de azúcar coloreado sobre el glaseado para que se pegue y deje secar durante unas dos horas o hasta que quede firme. Cuando esté seco, dé la vuelta a la flor para retirar el exceso de azúcar. Fije la flor en el lugar indicado sobre el pastel recubierto con glaseado real.

Tutorial Modelar ositos a mano

A menudo me piden que explique cómo se puede modelar un osito que parezca gracioso y real y que pueda transportarse sin que se le caigan las patas. El secreto consiste en crear un oso tumbado, con todos sus elementos en contacto con el pastel, pues este modelo se coloca directamente encima. Una vez que domine su elaboración, podrá personalizarlo según la ocasión.

PARA HACER EL OSITO

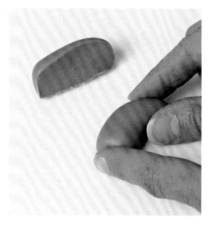

Amase la pasta de azúcar marrón hasta que quede lisa y maleable, y divídala por la mitad. Utilice una parte para el cuerpo y divida la otra mitad en tres porciones (cabeza, patas delanteras y orejas, patas traseras). Forme una pera bien redondeada para constituir el cuerpo.

Con el trozo de las patas traseras, forme un churro corto y grueso (de unos 4 cm de longitud) y córtelo por la mitad longitudinalmente con un cuchillo afilado. Dé la vuelta a las patas para que la parte cortada quede hacia abajo.

Pince un extremo y aplane el otro para crear la forma de la garra. Repita el proceso con la otra pata de modo que quede simétrica.

INGREDIENTES

250 g de pasta de azúcar
   color marrón osito
20 g de pasta de azúcar blanca
20 g de pasta de azúcar negra

TAMBIÉN NECESITARÁ

cuchillo afilado
bola para modelar
punta para modelar
punta cónica para modelar
punta afilada
punta para imprimir sonrisas

Coloque ambas patas en su sitio. Con una bola para modelar, marque los detalles de la garra. Reserve un trozo de pasta del tamaño de dos guisantes de la siguiente porción.

Forme un churro de 3 cm. Córtelo por la mitad longitudinalmente, dele forma y póngalo en la parte frontal de cuerpo del oso. Con una punta para modelar, marque los detalles de las garras delanteras.

Dé forma de bola a la porción de pasta reservada para la cabeza; estire un extremo para formar el morro en punta y aplane el opuesto para colocar las orejas. Ponga la cabeza en su sitio, sobre las patas delanteras y formando un ángulo.

Forme dos bolitas del tamaño de un guisante con la pasta reservada y aplánelas un poco para las orejas. Ponga la oreja en su sitio sobre la cabeza del oso y fíjela insertando la punta cónica en la oreja y la cabeza a la vez. Repita el proceso con la otra oreja.

Inserte la punta afilada en la cabeza para formar las órbitas de los ojos.

Extienda un pequeño cono de pasta de azúcar blanca e introdúzcalo en la órbita del ojo. Repita el proceso con el otro ojo.

Haga una bola pequeña de pasta de azúcar negra y aplánela un poco sobre cada uno de los ojos del oso para formar las pupilas. Dé forma de triángulo a una bola pequeña de pasta negra y colóquela en su sitio para crear la nariz del osito (si es necesario, humedézcala con un poco de agua para facilitar el proceso).

Por último, utilice la punta para imprimir sonrisas para hacer sonreír al osito y darle personalidad.

PARA EL OSITO FRANCÉS

Es tan original que dará una personalidad única a este personaje. La simple adición de una boina de pasta de azúcar negra y un bigote pintado a mano con gel colorante negro con un pincel muy fino convierte al osito en un elegante parisino. *Bonjour, monsieur!*

PASTEL NUPCIAL CON OSITO

Se trata de un diseño encantador para una despedida de soltera o cualquier celebración en la que participe la futura novia. También puede ser muy indicado para una primera comunión, una confirmación o el cumpleaños de una princesa. El velo se ha texturado y pintado con lustre antes de recortarlo, y se han añadido delicados detalles y relieves.

INGREDIENTES

1 pastel redondo de 15 cm recubierto con pasta de azúcar blanca (*véase* pág. 145)

150 g de pasta de azúcar blanca

lustre perlado comestible

1 osito modelado a mano (*véanse* págs. 218-219)

3 cucharadas de glaseado real blanco

1 cucharadita de glaseado real verde claro

TAMBIÉN NECESITARÁ

1 m de cinta con dibujos de 2,5 cm de ancho

1 m de cinta de grogrén blanco de 3 cm de ancho

expositor para pasteles

rodillo mini

rodillo para imprimir relieves

cuchillo afilado

manga con boquilla del n.° 106

papel antiadherente

Rodee el pastel con las cintas de grogrén y la cinta de dibujos y colóquelo sobre un soporte decorativo.

Amase la pasta de azúcar blanca hasta que quede lisa y maleable, y extiéndala dándole 3 mm de grosor. Pase un rodillo con relieve sobre la superficie para imprimir el motivo. Recubra la superficie de la pasta extendida con lustre perlado y déjela secar durante unos cuantos segundos.

Con un cuchillo afilado, recorte un trozo de pasta con forma de pera del tamaño del cuerpo y la cabeza del osito.

Coloque el velo en su sitio, fíjelo con firmeza entre las orejas del osito y extiéndalo sobre el cuerpo.

Llene la manga con boquilla del n.° 106 con el glaseado real blanco y aplique las flores sobre una hoja de papel encerado o papel antiadherente; déjelas secar toda la noche.

Retire las flores del papel encerado o el papel de horno antiadherente y colóquelas en su sitio formando el adorno de la cabeza y el ramo. Añada más flores alrededor del pastel y unas flores verdes pequeñas al ramo como toque final.

«Use un rodillo con relieve y aplique lustre para crear los detalles del velo de la novia».

La decoración de pasteles con diseños nostálgicos tiene un cierto encanto. Este pastel con cochecitos clásicos presenta un toque moderno con sus colores apagados, por lo que puede prepararse tanto para niños como para niñas. La técnica es sencilla y consiste en recortar las figuras y añadir detalles con manga. Cree las plantillas y recorte las formas antes de comenzar a fijarlas sobre el pastel.

Rodee el pastel con la cinta de color crema, y la base, con cinta azul. Trabajando con una porción pequeña de cada color cada vez, extienda la pasta hasta que alcance 1-2 mm de grosor y recorte un círculo de 8 cm.

Recorte el círculo por la mitad para formar las dos bases para los cochecitos.

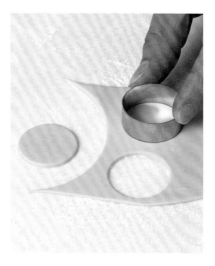

Recorte dos círculos de 3 cm de diámetro para las ruedas.

Utilice la plantilla de la página 259 para recortar tres paneles para la capota.

Humedezca el reverso de la base del cochecito con agua y pegamento de azúcar y fíjela en el lugar indicado en el lado del pastel.

Humedezca el reverso de las ruedas y fíjelas en su posición.

INGREDIENTES

1 pastel redondo de 25 cm recubierto con pasta de azúcar de color marfil claro (*véase pág.* 145)

50 g de pasta de pétalos de cada color: azul, marfil claro, pistacho y amarillo claro

1 cucharada de glaseado real de color marfil claro (*véanse págs.* 130-133)

TAMBIÉN NECESITARÁ

1 m de cinta de grogrén de 2,5 cm de ancho para el pastel

1 soporte cuadrado de 35 cm para el pastel, recubierto con pasta de azúcar amarilla

1,75 m de cinta azul para el soporte

cortadores redondos de 8 cm y 3 cm

plantilla para cochecito (*véase pág.* 259)

cuchillo afilado

manga con boquilla del n.° 1,5

CONSEJOS DE MICH

1 La pasta de pétalos se seca con rapidez. Guarde las partes ya recortadas envueltas en plástico y cree cada cochecito con piezas de colores distintos.

2 Ponga al revés un soporte de pasteles de 20 cm sobre la parte superior del pastel y marque el perímetro con un punzón; así le servirá de plantilla para aplicar una fila de perlas.

3 Coloque un cochecito en la parte superior del pastel o utilice el espacio para escribir un mensaje o el nombre, si se trata de un pastel de bautizo.

4 Para este pastel de 25 cm hice un total de 10 cochecitos.

5 Utilice la misma plantilla para hacer galletas decoradas a juego.

Fije los tres paneles de la capota en su sitio. Llene la manga pastelera con glaseado real de color marfil claro.

Aplique perlas en el borde del cochecito y alrededor del pastel. Haga un cochecito para la parte superior y aplique perlas alrededor.

BOCADITOS DE *FONDANT*

Estos pastelitos están recubiertos de mazapán y *fondant*, y decorados con figuras recortadas. El glaseado es muy dulce, así que es mejor elegir un pastel esponjoso y de sabor intenso, como los pasteles batidos de almendra, limón, vainilla o naranja. Estos se han forrado antes de dejarlos secar, pero puede conservarlos en cajas de aluminio para darles los toques finales poco a poco, ya que a veces es difícil obtener una superficie uniforme con el *fondant*. El *fondant* resulta bastante económico, admite bien los colores y constituye una manera sencilla de recubrir pasteles pequeños con formas intrincadas y divertidas, ideales para incluir motivos festivos.

Para 4 bocaditos
de *fondant*

INGREDIENTES

4 pasteles redondos
de 6 cm de diámetro
recortados de un pastel
de 23 cm, preparado
con la técnica de batido
(*véanse* págs. 50-51)

2 cucharaditas
de confitura de
albaricoque por pastel

50-75 g de mazapán
por pastel

500 g de azúcar lustre
para *fondant* para
6-8 pasteles (según
la altura del pastel)

5 g de pasta de azúcar
y colores por forma

purpurina comestible
coloreada

TAMBIÉN NECESITARÁ

cortadores redondos
de 6 cm

papel sulfurizado

mangas pasteleras
desechables

cortadores con formas
para decorar

pincel

pegamento para azúcar

Con el cortador de 6 cm, corte los pasteles redondos.

Vierta la confitura de albaricoque en un cazo y caliéntela suavemente hasta que se derrita. Utilice un pincel de pastelería para recubrir la superficie de los pasteles con la confitura derretida.

Emplee el mismo cortador para recortar discos de mazapán; coloque uno encima de cada pastel redondo.

Ponga los pasteles un poco separados sobre una rejilla para enfriar, y bajo esta, una hoja de papel sulfurizado para recoger el exceso de *fondant*.

Prepare el *fondant* siguiendo las instrucciones del fabricante. Llene una manga pastelera desechable con el *fondant* recién hecho y recorte la punta con una tijera afilada.

Aplique el *fondant* sobre la parte superior y los lados de los pasteles y sacuda suavemente la rejilla para que el glaseado se asiente y nivele (*véanse* págs. 150-151).

Deje reposar los pasteles unos minutos y retírelos con un cuchillo paleta acodado. Recorte los bordes y colóquelos sobre una fuente decorativa o caja de aluminio.

Recorte formas de pasta de azúcar coloreada, recúbralas con pegamento de azúcar y espolvoree encima purpurina comestible de colores. Ponga la figura con cuidado sobre la parte superior de cada pastelito de *fondant*.

PASTELES NAVIDEÑOS

Sin duda, uno de los momentos álgidos de nuestro calendario es mi clase magistral navideña. La impartimos en uno de los hoteles más prestigiosos de Londres, y los estudiantes disfrutan de un día decorando pastelitos, galletas y tartas, antes de celebrar la ocasión con champán durante el té de la tarde. Mi reto es diseñar nuevos pasteles cada año. Estos son algunos de mis favoritos.

ESTRELLA DECORADA A MANO

INGREDIENTES

1 pastel de 5 cm recubierto con mazapán y pasta de azúcar blanca y bordeado con una cinta de grogrén blanca de 15 mm de ancho (*véanse* págs. 140-149)

75 g de pasta de azúcar blanca

1 cucharada de glaseado real blanco (*véanse* págs. 130-133)

TAMBIÉN NECESITARÁ

rodillo

cortador de estrella de 5 cm

manga con boquilla del n.º 1,5

Extienda la pasta de azúcar blanca hasta que alcance 2 mm de grosor y recorte una estrella lo bastante grande para cubrir la parte superior del pastel.

Humedezca el reverso de la estrella con un poco de agua y colóquela en el sitio indicado sobre el pastel.

Llene la manga pastelera con glaseado real y aplique una serie de filas de perlas en cada punta de la estrella; comience con una perla y termine con cinco.

Sujetando la manga verticalmente con la boquilla sobre el centro, trace un bucle hacia la base de cada punta de la estrella.

Aplique una perla entre cada bucle y termine con una de mayor tamaño en el centro del pastel.

POINSETIA

INGREDIENTES

pasta de pétalos roja

pegamento comestible en aerosol

lustre rojo

1 pastel de 5 cm recubierto con mazapán
y pasta de azúcar blanco y bordeado
con cinta de grogrén roja de 15 mm
(*véanse* págs. 140-149)

1 cucharada de glaseado real rígido verde

1 cucharadita de glaseado real amarillo

TAMBIÉN NECESITARÁ

rodillo

cortador de cálices de 5 cm

almohadilla de espuma
o plancha de modelado

bola para modelar

manga con boquilla de hoja del n.° 69

manga con boquilla del n.° 1,5

Extienda la pasta de pétalos roja dándole
1 mm de grosor. Utilice un cortador de cálices
de 5 cm para recortar 2 flores por poinsetia.

Coloque los cálices sobre la almohadilla
de espuma o plancha y, con la bola para
modelar, dé forma a los pétalos y cúrvelos.

Espolvoree cada flor por separado con
adhesivo comestible en aerosol y lustre rojo.
Espere una hora hasta que sequen.

Una las dos flores con pegamento
de azúcar y déjelas secar durante una hora.

Llene la manga pastelera con la boquilla
de hoja con glaseado real verde de consistencia
rígida y aplique tres hojas en la parte superior
del pastel (*véase* pág. 114).

Coloque la poinsetia en su lugar
y presiónela sobre las hojas. Llene la otra
manga con glasa amarilla y trace unas perlas
en el centro de la poinsetia.

GUIRNALDA DE LUCES

INGREDIENTES

1 pastel de 5 cm recubierto de mazapán y pasta de azúcar blanca, y bordeado con una cinta de grogrén roja de 15 mm (*véanse* págs. 140-149)

1 cucharadita de glaseado real de los siguientes colores: verde, amarillo, rojo y azul

TAMBIÉN NECESITARÁ

manga con boquilla del n.° 1,5

3 mangas con boquillas del n.° 2

Llene la manga con la boquilla del n.° 1,5 con glaseado real verde y trace una línea arremolinada sobre la parte superior y el lateral del pastel (el cable de las luces).

Llene una de las mangas del n.° 2 con glaseado real amarillo y aplique una serie de perlas que salgan de la línea verde para representar las luces amarillas.

Llene otra manga con glaseado real rojo y aplique las luces rojas en su sitio. Repita el proceso con el glaseado azul para terminar.

PUDIN DE NAVIDAD

INGREDIENTES

25 g de pasta de azúcar blanca

1 pastel de 5 cm recubierto de mazapán y pasta de azúcar marrón, y bordeado con una cinta de grogrén de color marrón de 15 mm de ancho (*véanse* págs. 140-149)

pasta de pétalos verde, para las hojas

1 cucharadita de glaseado real

pasta de pétalos o pasta de azúcar roja, para las bayas

lustre rojo

TAMBIÉN NECESITARÁ

rodillo

cortador de hojas de acebo

cortador de estrella

Extienda la pasta de azúcar blanca hasta que alcance 2 mm de grosor y recorte una estrella lo bastante grande para recubrir la parte superior del pastel. Humedezca el reverso con un poco de agua y colóquela en la posición correcta sobre el pastel. Redondee los bordes de la estrella para integrarla en la superficie del pastel.

Extienda la pasta de pétalos verde hasta los 1-2 mm de grosor y con el cortador de acebo corte y marque las hojas. Fíjelas con glaseado real.

Sumerja una bolita de pasta de pétalos roja en un cuenco con lustre rojo. Déjela secar durante

una hora y fíjela en el centro de las hojas, sujetándola con un poco de glaseado real.

CONSEJOS DE MICH

1 Pruebe distintos tonos de verde o añada lustre o purpurina al acebo para incluir más detalles.

2 Ponga los pastelitos en una caja y regálelos por Navidad a sus profesores, familiares y amigos. Puede hacerlos de sabores distintos para dar aún mayor contraste y variedad.

Para 10-12 galletas

INGREDIENTES

200 g de mantequilla

200 g de azúcar
blanquilla dorada

1 huevo mediano batido

400 g de harina, y un poco
más para espolvorear

2 cucharaditas de pasta
de vainilla

PARA DECORAR
(POR GALLETA)

50 g de pasta de
azúcar verde pálido
(*véase* pág. 144)

1 cucharada de glaseado
real de cada color:
rojo, marrón y negro
(*véanse* págs. 130-133)

TAMBIÉN NECESITARÁ

rodillo

plantilla de caballito
de juguete
(*véase* pág. 261)

palitos de piruleta
de 20 cm

manga con boquilla
del n.º 2

2 mangas con boquilla
del n.º 1,5

10-12 lazos con cinta
roja de 3 mm de ancho

Precaliente el horno
a 180 °C

GALLETAS DE CABALLITOS DE JUGUETE

Estas galletas de vainilla especialmente gruesas se hornean sobre palitos de piruleta y después se decoran, y resultan ideales como recuerdo de una fiesta. Pueden envolverse en celofán o guardarse en bolsas para galletas con una etiqueta con el nombre de cada invitado.

Bata la mantequilla con el azúcar y, a continuación, añada el huevo batido hasta que todo se mezcle bien. Incorpore suavemente la harina y la pasta de vainilla, y mezcle hasta que la masa quede uniforme. Envuelva la masa en película de plásico y deje que se enfríe durante 30 minutos.

Enharine ligeramente la superficie de trabajo y extienda la masa dándole 1 cm de grosor. Utilice la plantilla de la página 261 para recortar los caballitos de juguete. Inserte unos 4-5 cm del palito de piruleta en la base de cada galleta. Coloque las galletas sobre una hoja de papel sulfurizado y hornéelas 20 minutos o hasta que queden doradas y crujientes. Déjelas enfriar unos minutos antes de transferirlas a una rejilla para que terminen de enfriarse.

Extienda la pasta de azúcar verde hasta que alcance 1-2 mm de grosor y recorte la cabeza del caballo con la plantilla. Fije la cabeza en su sitio con un poco de glaseado real. Llene la manga con la boquilla del n.º 2 con glaseado real rojo y aplique la crin con pequeñas líneas rectas. Comience cerca de

la cabeza y trácelas hacia fuera. Fije un lazo rojo en la base de cada cabeza con glaseado real.

Llene las mangas pasteleras con la boquilla del n.º 1,5 con glaseado real marrón y negro, y trace la brida y el ojo, respectivamente. Deje que sequen.

Conservación: Estas galletas pueden prepararse y decorarse con antelación. Se conservan durante siete días en un recipiente hermético.

« No deje la masa muy fina al extenderla, pues el palito de la piruleta no se sujetará bien y la galleta se romperá ».

EL NOVIO Y LA NOVIA

Hemos bautizado afectuosamente a nuestra feliz parejita como Margaret y Steve. Estas encantadoras galletas con la forma de un novio y una novia constituyen recuerdos maravillosos de una boda, pero también pueden servir para indicar el sitio de los invitados en la mesa del banquete. Se pueden preparar con diez días de antelación y envolver en bolsas de celofán atadas con un lacito.

Para 8-10 galletas

INGREDIENTES

1 cantidad de masa
  para galletas de vainilla

unos 50 g de pasta de
  azúcar de cada color
  (blanco, negro, marrón
  y natural) por pareja
  (*véase* pág. 144)

lustre perlado

1 cucharadita de glaseado
  real de cada color
  (blanco, negro y natural)
  por pareja (*véanse*
  págs. 130-133)

colorantes en polvo
  (opcional)

TAMBIÉN NECESITARÁ

rodillo mini

plantillas de novia y novio
  (*véase* pág. 260)

cuchillo afilado

rodillo texturado

cortador pequeño
  de flores de 5 mm

mangas pasteleras
  desechables

Precaliente el horno
a 180 °C

Prepare la masa de galleta como se describe en la página 231. Extiéndala hasta que alcance 5 mm de grosor y con las plantillas recorte las siluetas. Transfiéralas a una placa de hornear antiadherente y hornéelas 10 minutos hasta que queden ligeramente doradas. Déjelas enfriar durante unos segundos y páselas a una rejilla hasta que se enfríen del todo.

Extienda la pasta de azúcar de color natural hasta que adquiera un grosor de 2 mm y utilice las plantillas para recortar la cabeza y los brazos de la novia. Fíjelos en su sitio con glaseado real.

Extienda la pasta de azúcar blanca hasta que alcance 2 mm de grosor y con la plantilla recorte la camisa del novio y el vestido de la novia (pase un rodillo texturado sobre el glaseado para imprimir detalles en el vestido antes de recortarlo; después puede aplicar lustre perlado en aerosol). Fíjelos con un poco de glaseado real. Recorte cinco flores.

Extienda la pasta de azúcar negra dándole 2 mm de grosor y recorte el sombrero, el traje del novio y el cabello de la novia. Fíjelos con glaseado real.

Extienda la pasta de azúcar y recorte el cabello del novio con la plantilla. Forme dos perlas pequeñas de pasta negra para la pajarita. Aplique los ojos con glaseado negro y las bocas con glaseado neutro. Añada el colorante en polvo elegido a las flores y fíjelas para representar el ramo, la flor en el ojal y la flor en el pelo de la novia. Ponga también un pañuelo en el bolsillo del novio. Deje secar las figuras y envuélvalas individualmente en bolsas de celofán transparente.

GALLETAS DE NAVIDAD

Adoro preparar galletas para decorar y a las que, además, puedo pasar una cinta para colgarlas del árbol de Navidad. Añaden un auténtico toque diferenciado e individual, y constituyen un proyecto divertido que puedo emprender con los niños.

DECORAR UNA CORONA DE ACEBO

Para hacer unas 12 galletas

INGREDIENTES

250 g de harina

1 cucharadita de canela molida

½ cucharadita de nuez moscada molida

½ cucharadita de jengibre molido

125 g de mantequilla

125 g de azúcar moreno claro

50 g de almendras molidas

½ cucharadita de extracto de almendra

1 huevo grande batido

TAMBIÉN NECESITARÁ

rodillo

plantillas (véanse págs. 259-260)

cortador redondo de 7,5 cm

cortador acanalado de 3,5 cm

pajita o broqueta

Precaliente el horno a 180 °C

Tamice la harina y las especias en un cuenco. Añada la mantequilla y frótela con la harina hasta formar migas finas. Incorpore el azúcar, las almendras y el extracto de almendra. Ligue la masa con el huevo batido y forme una bola. Envuélvala en película de plástico y déjela enfriar 30 minutos. Extiéndala hasta que alcance 5-7 mm de grosor. Para las galletas de corona de acebo, recorte los círculos completos y un círculo interior con el cortador acanalado. Con las plantillas, recorte los patines y las coronas reales. Transfiera las galletas a una placa antiadherente con un cuchillo paleta. Con una pajita o broqueta, horade el agujero en el que ensartará la cinta. Hornee 10-12 minutos, hasta que las galletas queden doradas. Déjelas enfriar unos segundos y enfríelas sobre una rejilla

INGREDIENTES

2 cucharadas de glaseado real verde de consistencia rígida (véanse págs. 130-133) por galleta

bayas rojas y doradas, 3 de cada por galleta

TAMBIÉN NECESITARÁ

manga pastelera

lazo de cinta

pinzas

30 cm de cinta de 3 mm de ancho para colgar

Llene la manga con el glaseado verde. Recorte la parte superior de la bolsa formando un ángulo y, a continuación, nuevamente en el lado opuesto para crear una forma de V abierta en la parte superior. Con ambas manos, aplique a presión una guirnalda verde alrededor de la corona. Comience en la parte superior y vaya bajando por cada lado hacia la base.

Mientras el glaseado esté húmedo, coloque el lazo en su sitio y disponga con las pinzas las bayas doradas y rojas. Deje secar el glaseado. Pase una cinta a través del agujero de la corona y haga un nudo.

DECORAR UNA GALLETA DE PATÍN

INGREDIENTES (POR GALLETA)

50 g de pasta de azúcar de cada tipo:
   roja y de chocolate (*véase* pág. 144)
1 cucharada de glaseado real blanco
   (*véanse* págs. 130-133)

TAMBIÉN NECESITARÁ

rodillo mini
cuchillo afilado
utensilio para modelar de estrella
manga con boquilla del n.º 2
manga con boquilla de estrella del n.º 5
cinta para colgar

Extienda la pasta de azúcar roja hasta que alcance 2 mm de grosor y recorte el patín usando la plantilla de la página 260.

Fíjelo sobre la galleta con un poco de glaseado real. Marque un dibujo usando el utensilio de estrella.

CONSEJOS DE MICH

1 Cambie los colores del patín y las coronas para complementar la decoración navideña de su casa.

2 Envuelva una galleta en celofán y utilícela como etiqueta para los regalos; aplique a mano el nombre con glaseado en cada galleta.

3 Estas galletas son comestibles durante siete días, pero pueden dejarse en el árbol hasta catorce días como adorno.

4 No haga los agujeros en las galletas para pasar la cinta y preséntelas decoradas en una bonita caja forrada con papel manila como regalo perfecto para esas fiestas.

Llene la manga con la boquilla del n.º 2 con glaseado real blanco y aplique la base del patín bajo la pasta de azúcar roja, de modo que realce la planta y el tacón.

Extienda un churro de pasta de azúcar de chocolate y forme una punta en un extremo. Cúrvelo hacia arriba y presiónelo en el sitio indicado en la base de la galleta de patín. Recorte el extremo para afinarlo.

Llene la manga con la boquilla de estrella del n.º 5 con glaseado real blanco y aplíquela en forma de zigzag en la parte superior del patín, con cuidado de no tapar el agujero. Deje secar. Pase una cinta a través el agujero de la galleta y haga un nudo.

DECORAR UNA GALLETA DE CORONA

Llene una manga con glaseado real natural y marque el contorno de la corona a 3 mm del borde de la galleta. Aplique un círculo alrededor del agujero.

Diluya el glaseado para que su consistencia sea fluida y rellene el interior de la galleta (*véase* pág. 133).

Utilice un pincel para llevar la glasa hasta las esquinas de la corona. Deje que seque superficialmente durante 30-60 minutos.

Llene una manga pastelera con glaseado real blanco y aplique el detalle en la base de la corona con una serie de líneas y perlas.

Aplique tres flores de lis en la corona y únalas con guirnaldas.

Finalmente, aplique una serie de perlas alrededor del contorno de la corona. Déjelas secar. Pase una cinta a través del agujero de la galleta y haga un nudo.

INGREDIENTES (POR GALLETA)

2 cucharadas de glaseado natural (o dorado) y dos de glaseado blanco (*véanse* págs. 130-133)

TAMBIÉN NECESITARÁ

2 mangas con boquilla del n.° 2
pincel
cinta para colgar

«Alterne los colores del glaseado del contorno y el relleno para crear contraste en el diseño».

Pintura manual

Pintar a mano sobre los pasteles aúna mis dos grandes pasiones, y es que las opciones de diseño son infinitas. Todo el proceso de pintura me resulta muy terapéutico y siempre subestimo el tiempo que es necesario para pintar un pastel a mano. Además, la pintura intimida menos que la aplicación con manga, por lo que para los principiantes puede constituir una manera muy efectiva de decorar. Mi técnica se basa en derretir manteca de cacao y mezclarla con colorantes en polvo para luego apilar varias capas. Vale la pena destacar que, para crear el efecto de acuarela translúcida, hay que usar más manteca de cacao y menos colorante. En cambio, para obtener un aspecto más sólido, más similar a una pintura al óleo, deberá añadir más colorante y mezclarlo con colorante en polvo blanco; así logrará una apariencia más opaca. Es útil tener a mano, cerca del pastel, un soporte recubierto con pasta de azúcar y usarlo como paleta de muestras a fin de comprobar las intensidades y tonalidades de los colores. Utilice papel de cocina absorbente para limpiar los pinceles entre trazos o al cambiar de color.

Las mariquitas de la suerte son fáciles de hacer y efectivas. He decidido cubrir este pastelito con estos bichitos rojos, en los que he prestado mucha atención al detalle. Practique sobre un soporte hasta tener la confianza suficiente para probar un nuevo diseño.

INGREDIENTES

1 pastel de 5 cm recubierto con mazapán y pasta de azúcar blanca y bordeado con una cinta naranja de 15 mm de ancho (*véanse* págs. 140-149)

5 g de manteca de cacao

¼ de cucharadita de colorante en polvo de los siguientes colores: rojo, negro y marfil

TAMBIÉN NECESITARÁ

pinceles de distintos tipos

plantilla de mariquita (*véase* pág. 259), o puede pintarla a mano alzada

Comience pintando los cuerpos de las mariquitas. Mezcle la manteca de cacao con colorante en polvo rojo y pinte sobre el pastel círculos alargados en un extremo y planos en el otro. Utilice la plantilla de la página 259 como guía.

Con un pincel muy fino, añada el detalle negro de la cabeza de la mariquita y la parte superior del cuerpo. Trace una línea curva que cruce el cuerpo y agregue a cada lado el mismo número de puntos simétricos.

Pinte el detalle en marfil sobre la cabeza de la mariquita. Termine dibujando las patas.

CONSEJO DE MICH

Deje que cada sección se seque antes de pintar los detalles encima. Trabaje pintando el mismo elemento de cada mariquita en forma secuencial; de este modo, cuando termine con todos los cuerpos, la pintura se habrá secado lo suficiente para comenzar con la siguiente fase.

Flor de loto pintada a mano

En este proyecto se combinan dos técnicas: pintar a mano la base de las flores de loto comenzando por la parte superior y pasando a los lados del pastel, y aplicar el contorno con manga en un color contrastante. El acabado consiste en unas perlas perfectas aplicadas con manga.

INGREDIENTES

1 pastel de 5 cm recubierto con mazapán y pasta de azúcar blanca y bordeado con una cinta naranja de 15 mm de ancho (*véanse* págs. 140-149)

5 g de manteca de cacao

¼ de cucharadita de colorante en polvo de los siguientes colores: naranja y amarillo

2 cucharaditas de glaseado real naranja (*véanse* págs. 130-133)

TAMBIÉN NECESITARÁ

plantilla de flores de loto (*véase* pág. 261), o pinte a mano alzada

selección de pinceles

manga pastelera con boquilla del n.° 1,5

Comience pintando las flores de loto de tres pétalos con un color base sobre el pastel utilizando la plantilla de flor de loto como guía. Añada un segundo color más oscuro sobre el centro del primer color antes de que la capa base haya tenido tiempo de secarse. Pinte con un tercer color justo en el centro de la flor de loto.

Llene la manga pastelera con glaseado de color naranja, trace el contorno de los pétalos de la flor de loto y añada un tallo. Llene los huecos con delicados grupos de perlas pequeñas.

Cambie el color de las flores y de la cinta para que sean acordes con su celebración.

MARIPOSA ART NOUVEAU

Este impactante diseño combina con éxito una mariposa recortada con la pintura a mano con glaseado aplicado. La técnica es simple, y el efecto, impresionante. Cambie el color y el tamaño de las mariposas para obtener más variantes. La técnica se adapta bien a pasteles de cumpleaños, de aniversario, de cualquier celebración e incluso de bodas. Todos los detalles se aplican una vez que la mariposa se ha colocado sobre el pastel, con lo que se minimiza cualquier posible daño.

INGREDIENTES

1 pastel redondo de 20 cm recubierto con pasta de azúcar blanca (*véase* pág. 145)

1 pastel redondo de 10 cm recubierto con pasta de azúcar blanca (*véase* pág. 145)

50 g de pasta de azúcar naranja (*véase* pág. 144)

1 cucharadita de colorante en polvo negro

1-2 cucharaditas de licor

2 cucharadas de glaseado real blanco (*véanse* págs. 130-133)

5 rosas de eléboro modeladas a mano (*véanse* págs. 212-213) para decorar

TAMBIÉN NECESITARÁ

cinta de satén naranja de 2,5 cm de ancho

expositor para pasteles

rodillo mini

plantilla de mariposa (*véase* pág. 259)

cuchillo afilado

pincel

manga pastelera con boquilla del n.° 1,5

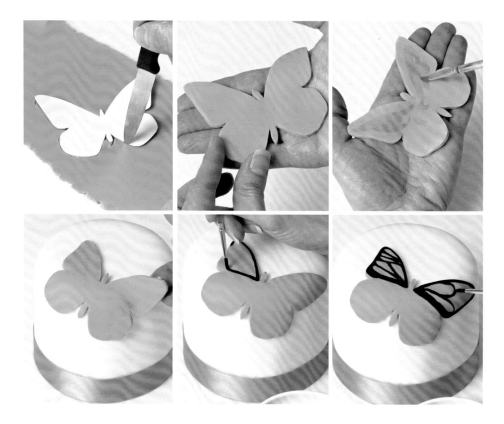

Apile los pasteles de forma centrada siguiendo las instrucciones de las páginas 154-155 y rodee la base de cada piso con la cinta naranja. Coloque el pastel sobre un expositor decorativo.

Amase la pasta de azúcar naranja hasta que esté lisa y maleable. Extiéndala hasta que alcance 3 mm de grosor. Coloque la plantilla sobre la superficie y recorte con cuidado la pasta con un cuchillo afilado. Alise los bordes de la mariposa con los dedos. Dé la vuelta a la mariposa y humedezca el reverso con un poco de agua hervida fría.

Coloque la mariposa directamente sobre el piso superior, de modo que se adapte a la forma del pastel, y presiónela un poco para que quede en esa posición.

Mezcle el colorante en polvo negro con el licor en un cuenco pequeño y pinte los detalles sobre las alas superiores como se muestra en la imagen.

Añada el detalle de las alas superiores; recuerde que deben quedar simétricas. Pinte el detalle sobre las alas inferiores y el cuerpo central de la mariposa.

Llene la manga pastelera con glaseado real blanco y aplique un contorno de perlas blancas de manera aleatoria sobre el borde exterior de la mariposa. Continúe aplicando las perlas hasta que el borde exterior de la mariposa quede cubierto del todo, y déjelas secar. Repita el proceso con una segunda mariposa en el piso inferior. Decore el pastel con los eléboros modelados a mano.

Hacer una lazada de cinta

Las lazadas de cinta constituyen una manera efectiva de aportar color y alegría a los proyectos. Puede emplear cintas de satén, organza o grogrén para montarlas con un soporte de alambre. La anchura óptima de la cinta puede ser de 9, 12 o 15 mm. Si son más anchas o más estrechas, resultan difíciles de trabajar.

NECESITARÁ

35 cm de cinta para cada lazada

alambre de 0,4 mm

cinta de florista

CONSEJOS DE MICH

1 El satén es el material perfecto para elaborar lazadas de cinta.

2 Tanto la cinta de grogrén como la de organza pueden usarse también, pero su grosor y brillo, respectivamente, las hacen más difíciles de sujetar.

3 He mostrado cómo elaborar una lazada triple con un extremo libre, pero también puede preparar una serie de lazadas sencillas y dobles, según sus preferencias.

Debe doblar la cinta para volver el extremo hacia atrás y que apunte en la misma dirección que las lazadas antes de atar con el alambre.

Alejando el extremo cortado de la cinta, haga una lazada y sujétela entre el pulgar y el índice. Esta lazada debe mantenerse rígida y no doblarse.

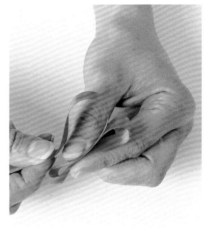

Doble otra vez la cinta para hacer una segunda lazada de la misma longitud que la primera y alineada a esta por la base.

Repita el proceso para hacer una tercera lazada y doble la cinta hacia atrás, como si fuera a realizar una cuarta lazada, pero córtela recta, dejando un extremo suelto de unos 10 cm.

Dé la vuelta a la lazada y sujete el extremo entre el pulgar y el índice. Pase un alambre de 0,4 mm y 15 cm por el reverso de la base de la lazada; colóquela de manera que uno de los extremos quede más largo a un lado de la cinta y otro más corto al otro lado.

Doble la base de la lazada de cinta
sobre este alambre. Sujételo con el dedo
corazón y vuelva a doblar el extremo
más corto de alambre hacia atrás.

Doble el extremo largo de alambre hacia
atrás de manera que los alambres se crucen
en el centro.

Cruce los dos extremos de alambre
con fuerza para cerrar la lazada que
se ha formado.

Ensarte un trozo de cinta de florista
por el reverso del alambre de la lazada
de cinta para esconderlo y doble el extremo
más corto nuevamente hacia atrás. Estire
un poco la cinta de florista para aprovechar
sus propiedades autoadhesivas.

Continúe envolviendo la cinta de
florista alrededor del alambre para sellarlo,
reforzarlo y darle un aspecto más cuidado.
Estire de la cinta contra el alambre
para cortarla.

TANGO DEL TUCÁN

Adoro el ritmo de este pastel, con unos dibujos que recuerdan a Río de Janeiro y el carnaval. Es una explosión de color en la que intervienen varias técnicas: la pintura a mano, las gloriosas, las lazadas de cinta, así como el modelado a mano de limas y limones. Coloree la pasta de azúcar para reflejar los sabores de los pasteles. ¡A ritmo de salsa!

INGREDIENTES

1 pastel redondo de 25 cm recubierto con pasta de azúcar coloreada (*véase* pág. 145)

1 pastel redondo de 15 cm recubierto con pasta de azúcar coloreada (*véase* pág. 145)

3 gloriosas modeladas a mano (*véanse* págs. 206-207)

3 limones modelados a mano (*véase* inferior)

3 limas modeladas a mano (*véase* inferior)

selección de colorantes en polvo (negro, amarillo, verde, azul, blanco, carmesí)

2 cucharaditas de manteca de cacao

1 cucharada de glaseado real (*véanse* págs. 130-133)

TAMBIÉN NECESITARÁ

cintas de distintos colores de 2,5 cm de ancho para bordear los pasteles

1 soporte para pastel de 35 cm recubierto con pasta de azúcar

cinta de color fucsia de 15 mm de ancho

punzón

18 lazadas de cinta (*véanse* págs. 244-245) en varios colores, anchos y acabados

pinceles variados

plantillas de tucán (*véase* pág. 260)

cinta de florista

3 tubos para flores

manga pastelera desechable

palillos de madera

 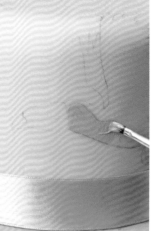 

Apile los pasteles de forma centrada (*véanse* págs. 154-155) y rodee la base de cada piso con dos cintas. Rodee el soporte de pastel con cinta de color fucsia y coloque el pastel apilado encima.

Trace el tucán y los colibríes con un punzón sobre lugares estratégicos del pastel. Comience pintando los colores base de cada uno de los pájaros y deje que se sequen antes de añadir las capas sucesivas. Agregue más capas de pintura con pinceladas que destaquen las plumas de las aves, y déjelas secar.

Para montar el pastel, adhiera seis lazadas de cinta en la base de cada gloriosa a fin de crear un ramo pequeño. Inserte los tubos para flores en el pastel y rellénelos con glaseado real. Recorte los alambres en la base de los arreglos e insértelos en los tubos para flores. El glaseado real ayudará a que queden firmes.

Ensarte la mitad de los limones y las limas (*véase* inferior) en un palillo e introduzca la otra mitad en el pastel para que quede bien sujeta en su sitio.

PARA HACER LAS LIMAS Y LIMONES

Amase un trozo de pasta de azúcar de color amarillo o verde del tamaño de una nuez grande hasta que quede uniforme y sea maleable. Dele la forma de una lima o un limón. Presione un estropajo de lana de acero sobre su superficie para crear el efecto de la piel. Inserte una herramienta para modelar estrellada en un extremo para la punta y deje que se seque toda la noche. Recubra la fruta con una mezcla de colorante en polvo amarillo y verde para simular las distintas tonalidades de la piel.

Mariposas glaseadas líquidas

Las mariposas de azúcar, hechas y pintadas a mano, nunca dejan de impresionar cuando se colocan sobre un pastel de bautizo o de cumpleaños. También pueden constituir un adorno fantástico en un pastel de boda como el que muestro aquí. Su confección requiere mucho tiempo, pero resulta igual de fácil hacer tres docenas como un puñado. Una vez que las alas se hayan glaseado, secado y pintado, las mariposas pueden almacenarse planas hasta tres meses y terminarlas pintando el cuerpo cuando sea necesario.

INGREDIENTES

1 pastel redondo de 25 cm recubierto de mazapán y pasta de azúcar blanca (*véanse* págs. 140-145)

1 pastel redondo de 18 cm recubierto con mazapán y pasta de azúcar blanca

1 pastel redondo de 10 cm recubierto de mazapán y pasta de azúcar blanca

PARA LAS MARIPOSAS (30 UNIDADES)

4 cucharadas de glaseado real blanco (*véanse* págs. 130-133)

10 cucharadas de glaseado líquido naranja (*véase* pág. 133)

1 cucharadita de colorante en polvo negro, amarillo y blanco

1 cucharadita de manteca de cacao

4 cucharadas de glaseado real negro (*véanse* págs. 130-133)

TAMBIÉN NECESITARÁ

soporte redondo para pasteles de 32,5 cm recubierto

3 m de cinta de satén negro de 25 mm de ancho

3 m de cinta de grogrén naranja de 15 mm

2 mangas pasteleras con boquillas del n.° 1 y 1 con boquilla del n.° 3

plantilla (*véase* pág. 258)

papel sulfurizado

mangas pasteleras

Apile los pasteles de manera que queden centrados (*véanse* págs. 154-155). Rodee la base de cada piso y el soporte con ambas cintas. Llene una manga con boquilla del n.° 2 con glaseado blanco. Aplique varias perlas por encima del nivel de la cinta en los tres pisos, al azar y en varios tamaños.

Trace la silueta de la mariposa sobre papel y fíjela sobre una tabla de trabajo con cinta de carrocero. Coloque papel de horno antiadherente sobre la plantilla y fíjela con cinta. Llene una manga pastelera con una boquilla del n.° 2 con glaseado real blanco. Trace el contorno de la mariposa.

Llene una manga pastelera o un biberón de glaseado real con glaseado naranja diluido. Sujete la punta de la manga o el biberón sobre el glaseado real para evitar que se introduzcan burbujas de aire y rellene las alas superiores con glaseado real. Sostenga un pincel verticalmente y, realizando movimientos circulares, lleve el glaseado a todas las esquinas. Con el pincel, rompa las burbujas diminutas de aire que puedan subir a la superficie. Deje secar durante 30 minutos.

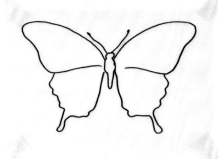

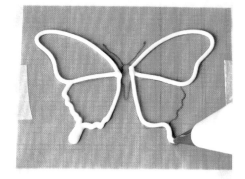

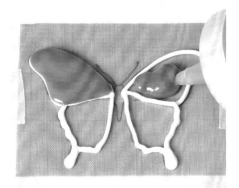

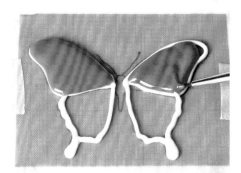

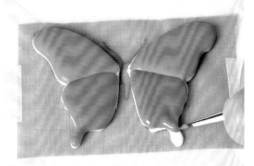

Rellene las alas inferiores con el mismo glaseado real; vaya con cuidado de no arrastrar el glaseado hacia las alas superiores. Deje secar toda la noche.

Derrita un poco de manteca de cacao y mézclela con colorante en polvo amarillo. Pinte con ella el centro de las alas de las mariposas, llevando la pintura hacia el exterior para crear una textura similar a la de una pluma. Pinte las puntas y la base de las alas con colorante en polvo negro mezclado con manteca de cacao derretida; procure recubrir toda la superficie hasta llegar al papel. Deje secar durante al menos dos horas.

Decore las alas con puntos de colorante en polvo blanco mezclado con manteca de cacao derretida para crear los detalles sobre la mariposa. Deje secar toda la noche.

Inserte con cuidado un cuchillo paleta acodado pequeño bajo cada ala para separarla del papel.

Prepare siempre más mariposas de las que necesite para reponerlas en caso de que se produzca algún problema durante el transporte del pastel hasta el lugar de la celebración. Lleve las mariposas por separado y fíjelas en su sitio una vez que haya colocado el pastel.

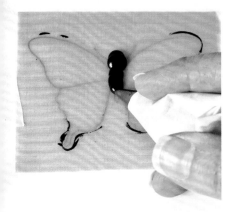

Llene una manga con la boquilla del n.º 3 con glaseado real negro consistente. Trace una cabeza y un cuerpo alargado en el centro de la plantilla de la mariposa.

Coloque dos pequeños cuadrados de esponja de 1 cm a ambos lados del cuerpo de la mariposa. Fije las alas con cuidado en su sitio, a ambos lados del cuerpo, y apóyelas sobre los cuadrados de esponja para que se aguanten mientras se secan durante toda la noche.

Cuando esté listo para colocar la mariposa sobre el pastel, retire la esponja y, con un cuchillo paleta acodado, separe la mariposa del papel.

Sujete cuidadosamente una de las alas y dele la vuelta. Aplique una pequeña cantidad de glaseado real blanco a lo largo del cuerpo de la mariposa y colóquela con delicadeza en su sitio sobre el pastel. Sosténgala unos minutos mientras el glaseado se seca.

GALLETAS DE PASCUA

Quería incluir unas galletas de Pascua con un aspecto más para adultos. Estas delicadas galletas de limón y almendra con forma de huevo están decoradas con colores pastel y adornadas con glaseado siguiendo un delicado motivo en blanco.

Para hacer unas 16 galletas

INGREDIENTES

150 g de mantequilla

150 g de azúcar blanquilla dorada

300 g de harina

ralladura de 2 limones

55 g de almendra molida

1 cucharadita de extracto de almendra

1 huevo mediano batido

glaseado real en tonos primaverales y blanco (*véanse* págs. 130-133); calcule unas 2 cucharadas por galleta

TAMBIÉN NECESITARÁ

plantilla de huevo de Pascua (*véase* pág. 259)

2 mangas con boquilla del n.º 1,5

pincel

mangas adicionales o biberón para glasear

Precaliente el horno a 180 °C

«Me encanta preparar estas galletas y esconderlas para que las busquen en lugar de hacerlo con huevos de chocolate».

Bata juntos la mantequilla con el azúcar y, a continuación, incorpore la harina, la ralladura de limón, las almendras y el extracto de almendra, así como la cantidad necesaria de huevo para obtener una masa consistente. Envuélvala en película de plástico y refrigérela durante 30 minutos. Extienda la masa hasta que alcance un espesor de 5 mm y con las plantillas recorte los huevos. Transfiera las galletas a una placa de horno y hornéelas durante 10-12 minutos o hasta que queden doradas. Déjelas enfriar durante unos cuantos segundos y transfiéralas a una rejilla hasta que se enfríen del todo.

Llene una manga pastelera con la boquilla del n.º 1,5 con glaseado real coloreado. Marque el contorno del huevo a 3 mm del borde de la galleta.

Diluya el glaseado para obtener una consistencia fluida (*véase* pág. 133) y rellene el interior de la galleta.

Utilice un pincel para llevar el glaseado hasta el borde del huevo y deje que la superficie se seque unos 30-60 minutos.

Llene la segunda manga con glaseado real blanco, trace el detalle del lazo en la parte superior del huevo y rellene con glaseado blanco.

Use un pincel para llevar el glaseado hasta los bordes del lazo.

Trace una serie de tallos en la base de la galleta.

Añada los detalles de las flores a la galleta y deje secar.

Conservación: Se conservan hasta siete días.

El pan de oro comestible se ha aplicado tradicionalmente para añadir un toque de refinada opulencia a pasteles y postres. Impresionante y seguro para el consumo, aunque caro y difícil de manipular, me gustaría enseñarle cómo se puede trabajar para recubrir todo un pastel y lograr un efecto asombroso de gran impacto. Se suministra en cuadernos de diez o más hojas cuadradas de 10 cm y es sensible al tacto y a la humedad, por lo que la manera ideal de manipularlo es no tocarlo.

Aplique el pan de oro el día anterior para que quede firme y estable. Ponga el pastel sobre un papel sulfurizado y rocíelo con aerosol de gel de pegamento transparente comestible.

Abra una página para dejar a la vista el cuadrado de pan de oro y sostenga el cuaderno por el lomo.

Presione el cuaderno contra el pastel para que la hoja de oro se transfiera al pegamento en el pastel.

Coloque la hoja de oro en su sitio con la ayuda del papel antiadherente del cuaderno.

Puede usar el pan de oro comestible para recubrir superficies grandes, como todo un pastel, o para decorar trozos más pequeños como chocolates, flores de azúcar o fruta fresca (véase inferior).

Repita el proceso con más hojas hasta recubrir el piso en su totalidad. Vaya con cuidado al solapar los bordes de las hojas para evitar que queden dobleces y huecos.

Con la punta del cuchillo, coloque los restos finales de pan de oro en su sitio. Termine el proceso con otra capa de gel de pegamento comestible sobre todo el pastel para fijar el oro en su sitio. Deje secar.

Utilice un pincel para humedecer la superficie de las cerezas frescas con agua y aplique el pan de oro sobre estas con un pincel limpio.

PASTEL DORADO DE NAVIDAD

El toque final de cualquier mesa festiva navideña. Este pastel incluye muchas de las técnicas aprendidas en este libro. Déjese llevar por la inspiración y combine y reúna sus técnicas y diseños favoritos para crear su propia receta.

INGREDIENTES

1 pastel redondo de 10 cm recubierto de mazapán y pasta de azúcar blanca (*véanse* págs. 140-145)

1 pastel redondo de 15 cm recubierto de mazapán y pasta de azúcar blanca (*véanse* págs. 140-145)

1 pastel redondo de 20 cm recubierto de mazapán y pasta de azúcar blanca (*véanse* págs. 140-145)

8 cucharadas de glaseado real blanco (*véanse* págs. 130-133)

16 hojas de pan de oro comestible

14 rosas de pasta de azúcar blanca modeladas a mano (*véanse* págs. 196-198)

30 hojas de acebo (*véase* pág. 199)

1 amarilis modelada a mano (*véanse* págs. 204-205)

400 g de pasta de azúcar blanca por bloque

PARA LAS BAYAS (30 UNIDADES)

115 g de pasta de azúcar blanca (*véase* pág. 144)

4 cucharadas de purpurina roja comestible

TAMBIÉN NECESITARÁ

soporte para pastel de 27,5 cm, recubierto con pasta de azúcar blanca

rodillo con impresión de estrellas

1,5 m de cinta verde

manga pastelera con boquilla del n.° 2

punzón

plantilla de la Little Venice Cake Company (*véase* pág. 263)

alambre de 0,32 mm de diámetro

3 lazadas de cinta (*véanse* págs. 244-245)

cinta de florista blanca

varillas/palitos de soporte (entre 6 y 8 para los dos pisos inferiores)

bloque de poliestireno

3 m de cinta roja de 25 mm de ancho

3 m de cinta roja de 15 mm de ancho

Comience recubriendo los pasteles y el soporte. Pase el rodillo sobre el soporte recubierto para imprimirle textura y añada la cinta verde. Deje reposar toda la noche. Los tres pisos deben estar decorados antes de apilarlos.

Llene una manga con boquilla del n.° 2 con glaseado real blanco y aplique un diseño de guirnaldas onduladas alrededor del pastel del piso superior (*véanse* págs. 170-171).

Recubra con pan de oro todo el pastel central siguiendo las instrucciones de las páginas 254-255.

Con un punzón, traspase el diseño de la plantilla de la Little Venice Cake Company en los contornos del piso base. Llene una manga con boquilla del n.° 2 con glaseado real blanco y aplíquela sobre el diseño. Deje que todos los pisos se sequen durante toda la noche.

Mientras tanto, prepare la decoración. Elabore las rosas, las hojas y la flor de amarilis tal como se indica en las páginas 196-199 y 204-205.

Prepare 30 bayas de purpurina roja formando bolitas de pasta de azúcar roja del tamaño de un guisante y rebozándolas en un cuenco con purpurina comestible roja. Inserte un trozo de alambre de 0,32 mm de diámetro y 10 cm de longitud en unas 8 o 10 bayas (deje las restantes aparte para añadirlas luego a las rosas blancas) y déjelas secar toda la noche. Monte las lazadas de cinta.

Una vez secas las bayas, pegue con cinta de florista blanca la amarilis, las lazadas de cinta y las bayas rojas con alambre para decorar el pastel.

Refuerce el piso base (*véanse* págs. 158-159) con un bloque de poliestireno de 2,5 cm de ancho. Coloque encima los pisos central y superior apilados centralmente (*véanse* págs. 154-155). Bordee todos los pisos con las cintas rojas de dos anchuras (*véase* pág. 149).

Fije un churro de pasta de azúcar alrededor del bloque de poliestireno y utilícelo para adherir las rosas, las hojas de acebo y las bayas de purpurina roja; emplee glaseado real blanco para reforzarlas.

Fije el elemento decorativo superior en su sitio con glaseado real blanco o inserte un tubo para flores en el pastel y afiance el ramo en él con un poco de glaseado real.

Plantillas para pasteles

He incluido todas las plantillas que se requieren para recrear mis pasteles
y galletas con un acabado profesional. Fotocopie estas páginas o cópielas,
según sus necesidades.

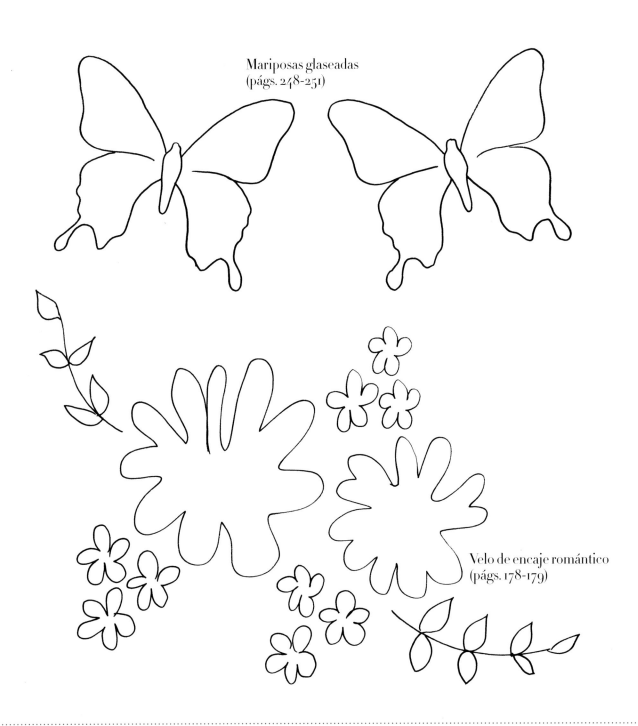

Mariposas glaseadas
(págs. 248-251)

Velo de encaje romántico
(págs. 178-179)

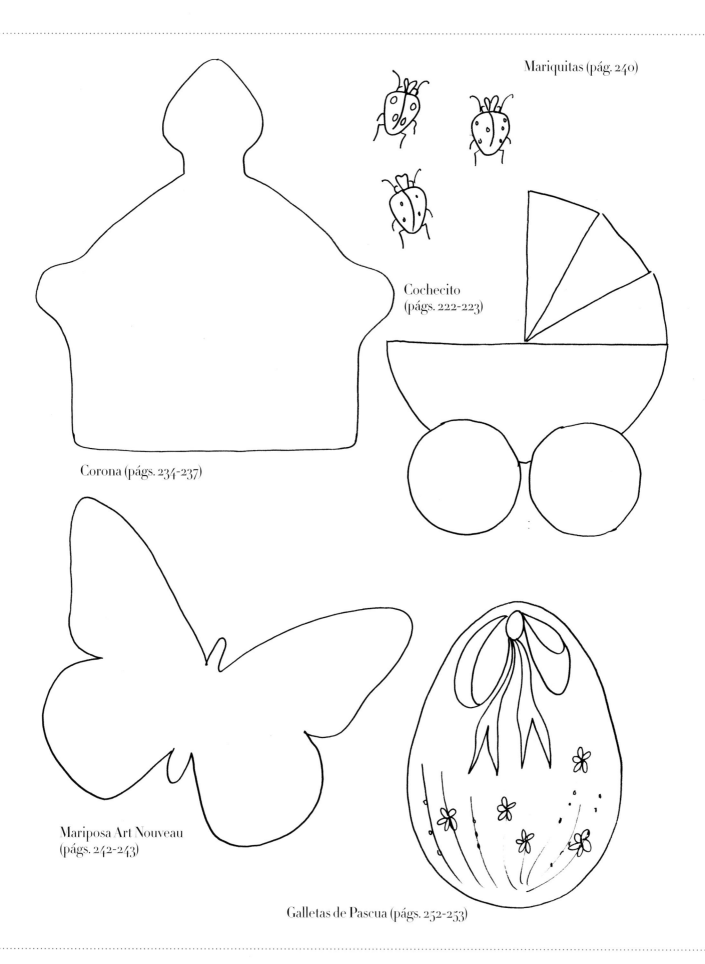

Mariquitas (pág. 240)

Cochecito
(págs. 222-223)

Corona (págs. 234-237)

Mariposa Art Nouveau
(págs. 242-243)

Galletas de Pascua (págs. 252-253)

Lazo monocromático
(págs. 174-175)

Tango del tucán
(págs. 246-247)

Patín
(págs. 234-236)

Novia y novio
(págs. 232-233)

Flor de loto (pág. 241)

Lámpara de araña
(págs. 186-187)

Caballito de juguete
(págs. 230-231)

Perlas perfectas
(págs. 170-171), líneas
rectas (págs. 176-177)
y guirnalda ondulada
sobre el pastel dorado
de Navidad (pág. 256)

Tiara de la abuela
(págs. 184-185)

Corazón enrejado
(págs. 176-177)

Colcha de margaritas
(págs. 188-189)

Encaje de la Little Venice Cake Company®
(págs. 180-181 y 256-257)

UTENSILIOS

Un artesano competente nunca culpa de sus errores a sus utensilios, siempre y cuando cuente con los adecuados para hacer el trabajo. Estos son los que considero necesarios para un acabado profesional. Hay muchos cortadores –formas, flores, hojas, etc.– que pueden emplearse para ampliar su repertorio una vez que domine las más básicas.

PESOS Y MEDIDAS

Invierta en básculas precisas en las que pueda pesar polvos, sólidos y líquidos en unidades del sistema métrico, son las más versátiles y ocupan poco espacio en el armario.

Vasos y cucharas medidores
Resultan esenciales para la medición precisa de especias y agentes leudantes. Me gustan los juegos que pueden separarse para facilitar el uso y la limpieza, pero pueden volver a juntarse para el almacenamiento. Las cucharas deberían poder medir desde una pizca hasta una cucharada. Con las tazas es más fácil seguir las recetas americanas, y siempre son útiles en la cocina.

Jarras medidoras
Son útiles para medir y trasladar líquidos como zumos de fruta, huevos, aceite, leche y crema de leche. Me gustan las jarras que pueden calentarse en el microondas y cuya capacidad se puede leer con claridad en un lateral.

PREPARACIÓN

Cuencos mezcladores
Es recomendable contar con cuencos de diversos tamaños que puedan servir para la tarea que se está llevando a cabo. Deben ser lo bastante grandes para permitir la mezcla del contenido y una aireación adecuada, y lo suficientemente pequeños para contener ingredientes variados. Me gustan aquellos que, al ser de vidrio refractario, plástico o loza, pueden calentarse o guardarse en la nevera. Los de acero inoxidable con una base redondeada incrementan la superficie y son buenos conductores del calor, por lo que resultan indicados sobre todo para elaborar *ganache* y merengues, los cuales requieren la exposición a una fuente de calor. Compruebe que tiene suficientes cuencos para preparar los pasteles. Además, resulta útil contar

con unos cuantos contenedores y recipientes de cierre hermético para guardar los rellenos, coberturas, glaseados y salsas una vez preparados.

Espátulas
Sirven para vaciar, mezclar o limpiar cuencos. Están disponibles en varios tamaños, y las de silicona pueden limpiarse en el lavavajillas.

Cucharas
Las cucharas metálicas son ideales para incorporar ingredientes o para realizar mediciones precisas, mientras que las de madera van mejor para mezclar y batir mantequilla y azúcar.

Cucharones
Para transferir salsas y *ganaches*, los cucharones son precisos y permiten un acabado limpio y profesional.

Ralladores (*microplane*)
Para un rallado normal o fino de hortalizas, frutas, chocolate y especias.

Cuchillos
Los cuchillos de sierra grandes con una cuchilla semiflexible y ahusada son esenciales para nivelar e igualar pasteles de manera profesional, y dividirlos para rellenarlos con cremas de mantequilla y glaseados.

Cuchillos paleta: rectos o acodados, y de distintos tamaños, son ideales para untar cremas de mantequilla y glaseados entre las capas de los pasteles, y para enmascarar pasteles y lograr un acabado liso y profesional. Los de tamaño más pequeño son perfectos para tareas más delicadas, como recubrir pasteles más pequeños con crema de mantequilla o colocar adornos frágiles en su sitio.

Cuchillos pequeños para mondar: son ideales para recortar mazapán y pasta de azúcar, ya que suelen ser semiflexibles y afilados. Los utilizo para recortar detalles intrincados en los adornos; incluso he llegado a utilizar un cúter.

Cuchillos para picar frutas, nueces, chocolate, especias y mantequilla.

PREPARAR PASTELES

Batidores
Invierta en una batidora eléctrica con accesorios variados que permitan mezclar y batir. A mí me gusta disponer de un segundo cuenco para tener mayor flexibilidad, así como de una batidora que incorpore una espátula de goma en el borde, de modo que vaya rascando la totalidad del cuenco mientras bate.

Batidoras eléctricas manuales: son prácticas para batir, por ejemplo, sobre un baño María al preparar un pastel por el método de batido, un merengue o una crema de mantequilla.

Batidoras de varillas: muy útiles para batir cremas a mano y airear al mezclar o batir cremas de mantequilla. Resultan indicadas para preparar *ganache* y calentar mermeladas o caramelos.

Tamices y coladores
Los tamices grandes y finos resultan ideales para tamizar harinas y azúcar lustre para airear, eliminar grumos y mezclar ingredientes en el caso de harinas, especias y agentes leudantes. Además, van muy bien para pasar purés de frutas y cremas de cítricos para eliminar semillas y grumos.

Los coladores de té son perfectos para filtrar zumos de fruta como el de limón al preparar glaseado real.

Moldes
Hay tantos moldes disponibles (antiadherentes, reforzados, con formas, de fondo desmontable, de silicona, bandejas) que, para empezar, puede resultar abrumador tener que escoger el que se va a necesitar:

- **Moldes redondos y cuadrados reforzados** en varios tamaños desde 10 cm hasta 40 cm, y para pan de molde: suelen ser los esenciales para su cocina. Busque los más ligeros, de aluminio anodizado con paredes rígidas y rectas (no inclinadas), de al menos 7,5 cm de altura, sin uniones, fáciles de limpiar (o mejor aún, aptos para lavavajillas).

De esta manera se asegurará de que la conducción de calor sea uniforme y rápida, con lo que conseguirá una cocción uniforme del pastel. Pueden apilarse uno dentro de otro para facilitar el almacenamiento.

- **Moldes antiadherentes y con formas**: son ideales para pasteles que se consumen inmediatamente. Los de *kugelhopf* de anillo o rosca deben engrasarse con aerosol para facilitar el desmoldeado.

- **Moldes de fondo desmontable**: son recomendables para pasteles delicados que requieren una manipulación cuidadosa al sacarlos del molde, como los pasteles batidos.

- **Moldes rectangulares de lados bajos y angulados**: forrados con papel sulfurizado, sirven para hornear las planchas con las que se preparan los brazos de gitano.

- **Moldes para madalenas o *muffins***: siempre deben forrarse con cápsulas de papel, y facilitan el soporte y transporte de las cápsulas.

Papel de horno y cápsulas de papel

Yo prefiero forrar mis moldes con papel sulfurizado o antiadherente. Se encuentra disponible en hojas o en rollo, que se corta al tamaño deseado; es de un único uso, lo que resulta higiénico, aunque caro.

Las madalenas y *muffins* pueden hornearse en cápsulas de papel decorado o tulipas de papel. Se encuentran disponibles en muchos diseños, lo que permite personalizar los pasteles.

Forros preparados para moldes específicos: suponen un gran ahorro de tiempo si hornea los mismos tamaños de pastel de forma regular.

Lámina de silicona: es una hoja de un material resistente al calor, reutilizable y lavable, que puede cortarse al tamaño del molde y usarse de forma repetida. Es una buena inversión a largo plazo.

Rejillas para enfriar

Redondas o cuadradas, algunas rejillas incluso pueden apilarse para hornear en grandes cantidades. Verifique que están escrupulosamente limpias. Se utilizan para enfriar pasteles y para recubrirlos con *ganache* de chocolate o *fondant*.

Pincho para pasteles

Es un pincho de metal (o broqueta) que se puede insertar en el centro de un pastel mientras está en el horno para comprobar si está horneado. También puede servir para perforar el pastel antes de recubrirlo con un almíbar.

Pincel para pastelería

Los pinceles planos o redondos son útiles en cocina para aplicar confitura a un pastel o recubrir un mazapán con *brandy* antes de aplicar la pasta de azúcar. También se utilizan para alisar chocolate fundido.

RELLENOS, COBERTURAS Y GLASEADOS

Rodillos

Invierta en una serie de rodillos de distintos tamaños y longitudes, adecuados para cada tarea específica.

Rodillos largos (60 cm): facilitan el trabajo de extender el mazapán y la pasta de azúcar.

Rodillos de tamaño medio (30-35 cm): son perfectos para la masa de galletas.

Rodillos pequeños (15-20 cm): son ideales para extender la masa de los pétalos o la pasta de azúcar para adornos refinados y flores de azúcar.

Dosificadores de azúcar lustre

Tengo varios de ellos, y cada uno contiene un polvo distinto: cacao, azúcar lustre, azúcar lustre sin refinar; facilitan el espolvoreado de polvos superfinos sobre las superficies de trabajo y en los pasteles recién horneados. Además, permiten un recubrimiento controlado y tamizado.

Rodillos con relieve (imágenes)

Existen unos rodillos con relieves acrílicos que se utilizan después de extender el glaseado con el rodillo habitual. Aplican un motivo en relieve o gofrado y son ideales para recubrir soportes o para recortar formas que posteriormente se emplean en galletas o pasteles.

MONTAJE

Tableros acrílicos de trabajo

Resulta esencial disponer de una serie de tableros de trabajo para dividir pasteles o sostenerlos mientras trabaja con ellos. Yo tengo un juego de tablas redondas y cuadradas, acrílicas, muy finas aunque rígidas, que pueden congelarse y son aptas para el lavavajillas. Incluso pueden separarse con pilares o soportes para constituir un expositor de pasteles.

Soportes para pasteles

Se encuentran disponibles en forma redonda, cuadrada, de pétalo, hexagonal, octogonal, de corazón o rectangular. Están compuestos por una superficie de cartón de 12 mm de grosor, envuelta en papel de aluminio color plata, dorada o coloreada. Una idea muy útil consiste en escribir su tamaño sobre la base en cuanto lo compre. Yo suelo recubrir la mayoría de los soportes con pasta de azúcar antes de colocarles una cinta de 15 mm a su alrededor.

También existen **soportes más finos**, indicados para los pasteles que se colocarán sobre otro soporte más grueso y recubierto, pero no para apilar pasteles. No son lo bastante resistentes, y los pasteles tienden a combarse por su peso.

Varillas/palitos de soporte

Resultan esenciales para apilar los pasteles con éxito, ya que constituyen un soporte interno. Se utilizan para igualar los pisos y asegurarse de que estos no se hunden. Se fabrican con plástico de uso alimentario y, una vez marcados, pueden recortarse fácilmente con tijeras o alicates, o bien con una sierra pequeña. Se encuentran disponibles muy largos, en caso de que sea necesario para aguantar pasteles muy altos o pilares.

Pilares

Tradicionalmente fabricados con escayola, aunque hoy en día son de plástico o acrílico, los pilares sirven para separar los pisos y dar mayor altura al pastel. Su altura oscila entre los 8 y los 30 cm de altura. Los que se utilizan en un pastel de glaseado real no requieren necesariamente un refuerzo, ya que el glaseado real es muy rígido y ofrece el soporte suficiente. Según mi experiencia, y para mayor tranquilidad, tiendo a reforzar con varillas todos los pisos en los pilares.

DECORACIÓN

Soporte giratorio

Creo que resulta esencial contar con un soporte giratorio elevado con un plato de diámetro pequeño 20 cm para trabajar con pasteles individuales o de un solo piso, y uno de mayor tamaño (30 cm de diámetro) y más bajo para facilitar la decoración de los pasteles de varios pisos.

Cortadores redondos

Yo utilizo un conjunto de tres cortadores concéntricos de acero inoxidable para hacer los pasteles individuales más pequeños. El pequeño sirve para recortar el pastel; el mediano, para recortar el mazapán, y el mayor, para recortar la pasta de azúcar. Con todos ellos me aseguro de que los pasteles quedan uniformes.

Alisadores y llanas

Los alisadores y llanas para glaseado y mazapán contribuyen a que los pasteles festivos recubiertos presenten un acabado profesional. Alisan la pasta para darles un acabado impecable. Los de borde redondo se utilizan en la parte superior y en los lados del pastel. Los angulares o de borde recto se usan en la base del lado del pastel o para los pasteles pequeños (individuales).

Cortador de pizza o rueda giratoria
Este utensilio es fantástico para cortar mazapán o pasta de azúcar cuando es importante no extender la pasta, como en el caso de recortar cuadrados para recubrir pasteles individuales.

Termómetro
Los termómetros de azúcar son útiles para registrar la temperatura precisa de los almíbares o el chocolate al preparar merengues, cremas de cítricos y praliné o al atemperar el chocolate.

Mangas pasteleras
Suelo preparar mis propias mangas pasteleras desechables para el glaseado a partir de papel sulfurizado, que sujeto con una grapa. Las mangas pasteleras grandes para *cupcakes*, coberturas a base de crema y *ganache* deberían ser de plástico, ya sea desechable (higiénico) o reutilizable, de tela con un recubrimiento de silicona (y deben limpiarse escrupulosamente).

Boquillas
Las boquillas grandes de acero inoxidable son perfectas para cremas de mantequilla y *ganache*. Las más pequeñas se reservan para la aplicación manual del glaseado o para escribir mensajes.

Limpiador de boquillas
Un cepillo pequeño es esencial para limpiar escrupulosamente los recovecos de las boquillas pequeñas para el glaseado.

Utensilios para modelar y punzones
Los utensilios de modelar son útiles para dar un toque profesional a las flores de azúcar modeladas a mano y otras figuras. Entre otros se encuentran los siguientes, aunque hay muchos más:

Bola para modelar: para dar forma a flores e imprimir las garras a los animales.

Herramienta para modelar sonrisa: para marcar las sonrisas de las figuras.

Cono para modelar: para conformar flores estiradas, añadir orejas y órbitas de los ojos a los animales.

Utensilio de costura: un utensilio rotatorio para marcar una línea de costura a los adornos.

Concha: para marcar el detalle de una concha.

Estrella: para marcar estrellas.

Cuchilla: para hacer detalles precisos.

Punzón: para marcar y transcribir plantillas y mensajes sobre los pasteles.

Paleta de pintor, pinturas, pinceles
Invierta en una paleta de pintor con pocillos o cavidades en los cuales pueda verter varios colores, colorantes en polvo y lustres. Cuente con diversos pinceles para aplicar trazos grandes o más detallados y finos.

Lustre en aerosol, colorantes, colorantes en polvo, brillantina y purpurina
Añaden el toque final y los detalles a los adornos.

Aerosol metálico: considero imprescindibles el transparente, el dorado, el perlado y el plateado en cualquier alacena.

Geles de colores: utilice los geles de colores comestibles concentrados para dar color a la pasta de azúcar, la pasta de pétalos o de goma, el glaseado real y las cremas de mantequilla.

Colorantes en polvo: los colorantes en polvo se mezclan bien con manteca de cacao o licor para pintar; elija una paleta de colores a su gusto y no olvide incluir el blanco y el negro.

Brillos y purpurinas
Se encuentran disponibles en muchos colores y tamaños. Asegúrese de que son comestibles (a base de azúcar) si su intención es comerlos. Consérvelos en recipientes herméticos y en un lugar seco para evitar que se aglomere.

Pan de oro
Disponible en hojas en una libreta intercalado con hojas antiadherentes, o bien como pepitas en un frasco. Es importante mantenerlo alejado de la humedad; de lo contrario se pegará y será difícil de manejar.

Frío en aerosol
Este bote a presión de frío en aerosol resulta extremadamente útil al trabajar con chocolate. Una pulverización basta para congelar el chocolate derretido al instante. Está compuesto por tetrafluoroetano y disponible comercialmente.

Cortadores de flores, hojas e impresores para venas
Encontrará una gran variedad. Invierta en una serie de cortadores de cinco pétalos, un cortador y venador de calas, y en cortadores y venadores de hojas, que puede ir ampliando conforme

incremente su repertorio de flores de azúcar.

Funda de plástico
Yo utilizo una funda sencilla para documentos de tamaño A4 abierta por dos de los lados cerrados como funda para mis rosas y capullos modelados a mano con pasta de azúcar, masa de pétalos o chocolate para modelar.

Cortadores de galletas
Los corazones, estrellas, flores y coronas siempre son útiles para recortar galletas o pasteles individuales.

Alambres
Se encuentran disponibles en verde, blanco y todo un arcoíris de colores y recubrimientos. Se utilizan con flores y lazadas de cinta, para sujetar estrellas u otros adornos, o simplemente para curvar y añadir a un ramillete de flores.

Cintas
Las hay de satén, grogrén, organza, decoradas y con alambre guiado; no subestime la transformación inmediata que puede sufrir un pastel con una cinta. ¡Nuestro cajón con cintas se ha multiplicado por seis! Utilice cinta recubierta o de uso alimentario si esta va a estar en contacto directo con el pastel.

Tijeras
Suelo utilizar tijeras de cocina, aunque reservo unas muy afiladas para las cintas.

Tijeras multiusos
Sirven para trabajos generales y para recortar el papel para hornear.

Alicates
Van bien para recortar alambres y varillas/palitos de soporte.

Material de papelería
Lápiz: para marcar las varillas/palitos de soporte y trazar los diseños que se van a dibujar.

Regla: para medir y trazar líneas y marcas en las plantillas.

Rotulador negro permanente superfino: para dibujar las plantillas sobre el papel para que el rotulador no manche el pastel.

Caja de utensilios
Para almacenar todos los utensilios y tenerlos a mano.

Expositores para pasteles
Los compro durante mis viajes. De distintas formas, colores y tamaños, realmente transforman los pasteles y les dan un toque profesional.

Palas y cuchillos para tartas
Contribuyen a la presentación.

ÍNDICE

FUENTES Y PROVEEDORES

La gama de utensilios de My Little Venice Cake Company se fabrica en asociación con Docrafts con la idea de ofrecer calidad profesional a precios asequibles, pensando en los buenos resultados. Se encuentran disponibles en las tiendas Hobbycraft, Lakeland y John Lewis, y también pueden pedirse a través de internet en www.lvcc.co.uk., Hobbycraft y CakeCraftWorld. He disfrutado mucho trabajando con una serie de utensilios que van desde los moldes de hornear hasta las superficies de trabajo, pasando por rodillos, alisadores, cortadores, rodillos texturados y boquillas, con los que podrá obtener un acabado profesional y además constituirán una adición elegante a sus útiles de cocina. Busque nuevos cortadores, utensilios y moldes que le inspiren la creatividad. Si quiere recibir noticias regularmente y formar parte del Little Venice Cake Club, regístrese en www.lvcc.co.uk. Para obtener una lista completa de todas los aparatos y accesorios disponibles de la Little Venice Cake Company o encontrar su distribuidor más cercano, por favor, visite docrafts.com/stores.

Si está interesado en la distribución de los utensilios de Little Venice Cake Company en Reino Unido, Europa, Estados Unidos o el resto del mundo, por favor póngase en contacto con tools@lvcc.co.uk.

Suelo impartir clases magistrales, seminarios y demostraciones de forma regular en Reino Unido, Europa y el resto del mundo. Estas clases están dirigidas a principiantes, estudiantes medios y avanzados, y cubren todos los niveles de la pastelería y decoración, lo que incluye la pintura manual, el trabajo con glaseado real y el modelado a mano. Si quiere recibir más información sobre estas clases o solicitar un curso a medida, por favor visite www.lvcc.co.uk o envíe un correo electrónico a classes@lvcc.co.uk.

Reino Unido
Little Venice Cake Company
www.LVCC.co.uk

Cake Craft World
www.cakecraftworld.co.uk

Divertimenti
www.divertimenti.co.uk

Fortnum & Mason
www.fortnumandmason.com

John Lewis
www.johnlewis.com

Hobbycraft
www.hobbycraft.co.uk

Lakeland
www.lakeland.co.uk

Sugar Shack
www.sugarshack.co.uk

España
My Lovely Foods
www.shop.lovelyfood.com

La Tienda Americana
www.latiendaamericana.es

Italia
Decora
www.decora.it

Dinamarca
Cakes & Co Engros APS
www.cakesandco.dk

Noruega
Cacas AS
www.cacas.no

Nueva Zelanda
EW Sinton
www.ewsinton.co.nz

Australia
Roberts Confectionery
www.robertsconfectionery.com.au

AGRADECIMIENTOS

He aprendido que, para ser buen maestro, es de mucha ayuda tener grandes alumnos. He tenido la fortuna de enseñar a estudiantes de todo el mundo, a los que les apasiona la pastelería y la decoración y simplemente quieren aprender y mejorar sus habilidades. Enseñar a estos estudiantes me ha enseñado a enseñar, y estoy agradecida a todas y cada una de las personas que han asistido a una de mis clases magistrales.

También he descubierto que ser madre ha desarrollado mis habilidades pedagógicas, ser paciente y comunicar la razón que motiva la acción para asegurar que tiene sentido. Un enorme agradecimiento y mi amor infinito a mis chicos, Marlow y George. Gracias Phil por ser el mejor marido y padre.

Gracias al equipo lleno de talento que me ayudó en este libro: Claire Murray, Holly Yip, Gulgin, Lily Jackson y Tamara Devonshire-Griffin.

Gracias a Ash, Abi, Amanda y Bea por tomar fotografías fabulosas, hacer una maqueta fantástica y editar el texto con rapidez.

Muchas gracias a Jacqui Small; siempre me impulsa a sacar lo mejor en mis libros. En este libro he volcado veinticinco años de experiencia como científica de la alimentación, decoradora de pasteles y maestra para no dejar un consejo, pista o perla de conocimiento sin mencionar.